大阪経済大学研究叢書第58冊

独裁体制の経済理論

黒坂 真

八千代出版

序　文

　本書の目的は，独裁体制の史実を分析，解釈するための経済理論を提示することである。歴史の解釈は社会科学の最重要課題であるが，本書は独裁体制の経済理論を提起することにより史実を経済主体間の資源配分上の利害関係から解釈するための視座を与えようとする。

　独裁体制とは通常，「独裁者が国民に君臨している体制」というような意味で用いられている。この意味ではエジプトの古代王朝，中国の秦漢帝国，ローマ帝国のように古代から独裁体制が存在してきたともいえよう。絶対主義の時代の欧州にも独裁体制は存在した。「帝国」というような国家は独裁体制だったともいえるから，イスラム帝国やビザンチン帝国，ムガール帝国，オスマン・トルコも独裁体制である。

　しかし本書では，古代や中近世の独裁体制は除外し，20世紀以降に独裁体制として，旧ソ連，毛沢東期の中国，ナチス・ドイツ，北朝鮮，アフリカ諸国（たとえばコンゴ民主共和国やエチオピア）などで存在した体制を想定する。これは，古代や中近世の独裁体制において資源配分がどのような要因によりなされていたかという問題が重要でないということではなく，それらの解明が筆者の能力を超えるからである。ある体制における資源配分上の利害関係を解明するためには，その体制の史実に関する最低限の知識が必要であることは明らかであるが，筆者には古代や中近世の独裁体制についての基本的な知識が欠けている。

　20世紀史上の独裁体制，特に独裁者に対する極端な個人崇拝を伴っていた体制における社会の動きと資源配分は，同時期の米国や欧州，日本，韓国などの市場経済体制と大きく異なっていたと考えられるから，独自の模型化が必要である。

　本書の構成は以下のようになっている。

　第1章「独裁体制の経済理論を構築するために」では独裁体制に関して，

経済理論を構築する立場から見たときに重要な史実を抽出する。さらに独裁体制の経済理論化に関連する経済学上の理論を概観する。ここでは，20世紀史上の独裁体制における顕著な史実として，①国民の所得水準が低く抑えられてきたこと，②独裁者に対する個人崇拝の蔓延，③生産量や雇用量，賃金など経済の現状を決定する基本的な変数が，独裁者と国民ないしは独裁者と官僚の間で行われた様々な交渉により決定されてきたこと，④独裁体制では財の生産量は主に供給側の要因により決定され，財が不足し低品質になったこと，⑤独裁者による資産蓄積，資本蓄積と軍拡，の5点を指摘する。

第2章「独裁体制の基本模型」では，独裁体制の経済理論の基本模型を提示する。基本模型では，独裁体制における顕著な史実として第1章で指摘したうち，主に①②③④を反映する模型が提示される。基本模型は，後の章のすべての模型の基礎になっているので，後の章の模型でも，顕著な史実のうち①②③④はそれぞれ反映されている。

第3章「独裁体制と天候の変動」では，天候に関する予想と，独裁体制における資源配分の関係について検討する。ここでは，独裁体制における顕著な史実のうち，主に④を反映する模型が提示される。

第4章「独裁体制と資産蓄積」では，独裁者が資産を蓄積する場合における，独裁者と国民による資源配分について考察する。ここでは，顕著な史実のうち，主に⑤を反映する模型が提示される。

第5章「独裁体制と中毒症」では，独裁者が自らへの個人崇拝に対する「中毒症」(addiction)にかかっている場合において，独裁者が誘導する資源配分について考察する。ここでは，顕著な史実のうち，主に②を反映する模型が提示される。

第6章「独裁体制と官僚・人民」では，独裁者と官僚，人民の三階層が存在する場合における資源配分について考察する。ここでは，顕著な史実のうち，主に①を反映する模型が提示される。

第7章「独裁体制と労働努力」では，国民が財の生産と個人崇拝それぞれに対し労働努力を行う場合における資源配分について考察する。ここでは，

顕著な史実のうち，主に④を反映する模型が提示される。

　第8章「独裁者と反乱者，天然資源」では，独裁者が徴収している天然資源使用料を反乱者が武装して収奪することを策している場合における資源配分について考察する。ここでは，顕著な史実のうち，主に①⑤を反映する模型が提示される。

　第9章「独裁体制と資本蓄積」では，農業部門と工業部門を想定し，独裁者が工業部門における資本蓄積を志向している場合における資源配分について考察する。ここでは，顕著な史実のうち，主に⑤を反映する模型が提示される。

　第10章「独裁体制と資本財輸入」では，独裁者が資本財を輸入する場合における資源配分について考察する。ここでは，顕著な史実のうち，主に⑤を反映する模型が提示される。

　それぞれの章で，財生産のための労働や労働努力，天然資源防衛のための労働などを内生変数としている。これらの内生変数が，主な外生変数の増加関数あるいは減少関数という形でどのように依存しているかが模型を提示することにより説明される。この手法により，たとえば独裁体制において財生産のための労働が，独裁者の個人崇拝に対する選好の減少関数であるという結論は，独裁体制において財が不足していた要因の一つが独裁者の個人崇拝に対する選好が強いことであると解釈できるのである。

　本書の基本的立場は，独裁者に対する個人崇拝のように，本質的に非効率的と見える現象の背景にも，経済主体の利害に基づく合理的な判断が存在していると見るものである。本書は個人崇拝を，独裁者と国民の間で行われるゲームの均衡とみなす。「合理的な判断」「ゲームの均衡」とは，たとえば北朝鮮において人々が行っている金父子に対する個人崇拝は，金日成，金正日の効用最大化行動と人びとの所得最大化行動の結実であるという見方である。旧ソ連や中国における個人崇拝についても本書は同様に把握している。この見方には，北朝鮮についてフィールド・ワークを重ねてこられた研究者や，

ソ連や中国についての歴史学や政治学の研究者には違和感があるかもしれない。本書は，人びとにより長い間行われ，定型化されている行動様式は，何らかの形でその行動に参加している人々の利害関係と一致しており，その行動様式から逸脱することが利益にならないと人びとがみなしているから継続していると考える。制度はナッシュ均衡であるという見方である。

たとえば，北朝鮮のマスゲームのどこに合理性があるのだろうかと思う方もいるだろうが，マスゲームは主に平壌市民により行われている。これを実施するためには，数ヶ月間にも渡る訓練が必要で，平壌市民にとってはかなりの精神的，肉体的負担になっているはずだ。しかし北朝鮮では，平壌に住み，マスゲームに参加すること自体が，高い地位，豊富な配給あるいは所得を金父子から与えられることを意味している。金父子は大規模なマスゲームを外国人らに見せることにより，自らの権威を国際的に誇示し満足している。本書はこれを簡単化して，独裁者は国民が行う個人崇拝から効用を得て，国民は個人崇拝の労働を行うことにより賃金所得を得ていると解釈する。独裁者と国民がお互いにそのように行動するという戦略の組み合わせが，ナッシュ均衡になっていると見るのである。

制度がナッシュ均衡であるということから独裁体制を把握する見方，人間観と，理論社会学でいう「人間は，社会の中での役割を演ずる動物であり，それぞれの人間が認識している役割の体系を見出すことが社会の仕組みを解明することになる」[1]という見方，人間観には，大きな矛盾はないように思える。筆者の理解では，政治学は権力をめぐる人間の闘争を描くことを主たる目的とする。歴史学は史料を厳密に読み込み，史実を解明しようとする。経済学は主に資源配分上の利害関係という視点から人びとの行動を解釈するが，これらは本来，史実を様々な面から眺め，それぞれの視座から解釈を与えているのだから，相互に補完的であるはずだ。これらをどのように総合するかという問題も重要である。意味論という，人びとが用いてきた言語の解釈が

---

1) ダーレンドルフ (1973) 参照。

社会科学の諸分野を総合する際の要であるという見解がある。人は言語を用いて自分と周囲を把握し、自分の位置を確認し、自分にとって最適と考えられる選択、最適化行動を行う。ここに他の動物と異なる、人間の重要な特徴があるのだから、その社会で頻繁に用いられている言葉を、それぞれがどのように解釈しているか、その解釈によりどのような行動が生み出されているのかを考えることが、社会の仕組みと動きを知ることになると意味論は説く。この方法論は興味深いものであるが、別の機会に論じたい。

　本書は独裁者と国民の間で入手できる情報に違いがないとしている。経済理論で扱う情報とは、主に価格や賃金、生産量などの情報であり、村上泰亮がいうような世界イメージとしての情報が経済主体に与える影響についてはあまり重視されていない（『反古典の政治経済学要綱』第五章）。独裁者と国民の間での「情報の非対称性」とは、主に世界イメージとしての情報の差異であるから、通常の経済理論で扱うそれとは異なっている。「情報」という概念をあらためて定義し、「情報」が経済主体の行動に与える影響について検討することも重要であることはいうまでもない。独裁者は人民に、自分たちの役割が独裁者に奉仕することであるという世界観、社会観を普及することにより、自らの地位を確保しているということもできるだろう。

　本書は、理論経済学の手法により独裁体制についての解釈を与えるものである。史実に対する解釈とはいっても、経済理論による模型を提示するわけであるから、個々の史実、歴史のある時点における様々な現象と本書で提示される模型が完全に一致するわけではないことをあらかじめお断りしておきたい。これは筆者の能力によるところもあるが、経済理論の模型による分析の限界でもある。模型分析による接近法では、史実を極端に単純化、抽象化することにより、重要な史実がどのような要因にもっとも強く依存しているかを示すことができる。ここに模型分析の長所と、同時に短所がある。

　本書をまとめるにあたって、たくさんの方々にお世話になった。中谷武教授（神戸大学）からは、大学院以来親身のご指導を頂いている。中谷教授か

ら頂いた学恩には本書ではとても報いることはできない。菊本義治教授（大阪経済大学）にも，大学院以来様々なご指導を頂いている。本書の執筆に際しても，菊本教授は拙稿の誤りや問題点を指摘して下さった。瀬岡吉彦教授（大阪市立大学名誉教授）からは，基礎的な問題を繰り返し，あらゆる角度から検討していくことの大事さと計算を丁寧にやっていくことの大事さを教えて頂いた。森誠教授（大阪市立大学）は，拙稿や拙い報告に対して，何度も討論の相手になって下さり，そのたびに建設的なご意見を下さった。大阪市立大学の金曜セミナーでは，落合隆教授（三重大学），中嶋哲也准教授（大阪市立大学），中村英樹准教授（大阪市立大学），大土井涼二助教（大阪市立大学）から拙稿に対し，大変有益なご指摘を頂いた。丹羽春喜博士（元大阪学院大学教授）には，博士が主宰されている研究会で報告の機会を頂き，ソビエト史に関する史実，特に実質賃金の動きをよく調べて理論を構築していくことの大事さを教えて頂いた。松尾匡教授（久留米大学）からはいつも拙稿に対し親切なコメントを頂いている。大学院からの友人である林田秀樹氏（同志社大学）からは，途上国でのフィールド・ワークのイロハを教えて頂いた。故五味勝義先生は，語学の勉強は根気よくやることが大事である旨，何度も励まして下さった。日本経済学会，日本経済政策学会，比較経済体制学会で筆者の拙い報告の討論者を務めて下さった方々，数々の有益な助言を下さった座長の方々に感謝する。

　筆者が奉職している大阪経済大学では，「制度論研究会」という名称で定期的に研究会が開催されている。筆者はその研究会で何度も報告する場を頂いた。研究会でいろいろと助言をして下さった宋仁守准教授，いつも励まして下さっている林由子准教授，藤原忠毅准教授に感謝する。山本恒人教授からは反右派闘争について親切なご指導を頂いた。山本教授からは学問だけでなくあらゆる件でお世話になりっぱなしである。脱北者の支援活動に熱心に参加されている山田文明准教授からは，フィールド・ワークから得られた近年の北朝鮮に関する情報をいつも教えて頂いている。諸先生のご助言にどれだけ応えられているか心もとないが，この場を借りて感謝したい。八千代出

版の森口恵美子さん，御堂真志さんには，出版に際し大変お世話になった。謹んで感謝したい。もちろん，ありえる誤謬は筆者の責任である。

　本書の中では直接に言及することはできなかったが，筆者は平成11年度に大阪経済大学より在外研究の機会を頂き，ソウルの民族統一研究院と高麗大学でたくさんのことを学ばせて頂いた。またその際，「北朝鮮民主化ネットワーク」など，北朝鮮の民主化運動に参加している方々と脱北者の方々から大変貴重なお話をたくさん伺った。故李命英教授（成均館大学）からは，北朝鮮問題では金日成著作集と朝鮮労働党の革命路線に関する文献を読み込んでいくことの重要性を教えて頂いた。高麗大の近所でお好み焼き屋を経営していた清津出身のある脱北者から，90年代後半の北朝鮮における深刻な飢饉の現実を伺ったときの衝撃は忘れられない思い出である。北朝鮮による日本人拉致組織の一員だった故張龍雲氏からは，朝鮮労働党による「主体革命偉業」という革命路線，北朝鮮の住民を拘束している「唯一思想体系確立の十大原則」，そしてご自身が体験された「万景峰号」での朝鮮労働党幹部に対する宣誓など，貴重な体験談を聞かせて頂いた。韓国の友人たちとの交流は筆者なりのフィールド・ワークであり，本書の第1章で明らかにした独裁体制の歴史認識の基礎になっている。本書が独裁体制の理論化という面から，旧ソ連や中国，北朝鮮の歴史と現実が社会科学の研究者や経済学者の中でもっと議論されることに貢献できれば幸いである。

　本書の出版にあたっては，大阪経済大学会の助成を受けた。また，本書は大阪経済大学共同研究費（平成18，19年度）による成果の一部である。

　　平成19年10月

　　　　　　　　　　　　　　　　　　　　　　　　　黒坂　真

目　　次

序　　文

第1章　独裁体制の経済理論を構築するために ―― 1
　1　はじめに　*1*
　2　独裁体制に関する史実　*1*
　3　独裁体制の模型化　*8*
　4　本章のまとめ　*16*

第2章　独裁体制の基本模型 ―― 17
　1　模　　型 ······················· *17*
　　1　独裁者が国民の所得水準に制限を課す場合　*17*
　　2　独裁者が国民の所得に制限を課さないが，財生産
　　　 において国民に対し最低限の分配率を設定する場合　*23*
　2　本章のまとめ ··················· *29*

第3章　独裁体制と天候の変動 ―― 33
　1　模　　型 ······················· *33*
　　1　独裁者が国民の期待所得に制限を課す場合　*33*
　　2　独裁者が国民の所得に制限を課さないが，財生産
　　　 において国民に対し最低限の分配率を設定する場合　*38*
　2　本章のまとめ ··················· *41*

第4章　独裁体制と資産蓄積 ―― 45
　1　模　　型 ······················· *45*
　2　本章のまとめ ··················· *54*

第5章　独裁体制と中毒症 ―― 57
　1　模　　型 ······················· *57*
　2　本章のまとめ ··················· *63*

第6章　独裁体制と官僚，人民 ―― 67
1　模　　型 …………………………………………… 67
- 1　官僚が人民への監督労働を行う場合　67
- 2　官僚が人民を雇用して財を生産する場合　73
2　本章のまとめ ………………………………………… 82

第7章　独裁体制と労働努力 ―― 87
1　模　　型 …………………………………………… 88
- 1　独裁者が国民に財生産量の一定割合を分配する場合　88
- 2　独裁者が，国民が行うそれぞれの労働努力に対し同じ賃金を支払う場合　95
2　本章のまとめ ………………………………………… 99

第8章　独裁者と反乱者，天然資源 ―― 103
1　模　　型 …………………………………………… 103
- 1　反乱者の行動　103
- 2　独裁者と国民の行動　108
2　本章のまとめ ………………………………………… 125

第9章　独裁体制と資本蓄積 ―― 129
1　模　　型 …………………………………………… 130
2　本章のまとめ ………………………………………… 135

第10章　独裁体制と資本財輸入 ―― 137
1　模　　型 …………………………………………… 137
2　本章のまとめ ………………………………………… 143

参　考　文　献　147
初　出　論　文　151
索　　　　　引　153

第1章

独裁体制の経済理論を構築するために

1 はじめに

　この章の目的は，独裁体制における顕著な史実を要約し，独裁体制の経済理論を構築するための基本的な歴史認識を明示することと，独裁体制の模型化のために重要な経済理論を要約することである。

　本章の構成は以下のようになる。2 で，独裁体制に関する重要な史実について論じ，独裁体制における顕著な史実をあげる。3 で，独裁体制を分析するために重要な貢献をしている理論経済学の文献について概観する。4 で本章をまとめる。

2 独裁体制に関する史実

　独裁体制における顕著な史実として第一には，人びとの所得水準が低く抑えられてきたことがあげられよう。丹羽 (1966, p.47) は，1928 年以来ソ連において工業生産や国民所得がかなり大幅な発展を遂げているのにもかかわらず，労働者の実質賃金が戦前の時期に大幅に低下し，1950 年代後半にいたってやっとそれを回復しえたにすぎないことを指摘していた。加藤 (1968, p.46) は，工業化の過程で実質賃金の上昇が相対的に遅れるのは必然的な傾

向であり，これはソ連だけでなく米国についても見られること，工業化以前の生活水準がソ連の農民や米国の移民は低かったから，実質賃金が低くても働かざるをえなかったことを指摘している。マットーズ（Matthews, 1986, p. 23）は，1970年代後半でも，ソ連の人々の生活水準が資本主義国の基準から考えると低いと述べている。

　所得水準が低い背景には，独裁者が強力な権力を保持し，反逆者，反対者あるいは反逆すると予想されるものに対して過酷な抑圧をしてきたことがある。独裁体制下の人々には，独裁者に反抗すれば，反逆者とされ，追放ないしは強制収容所に送られて極端な低所得の生活を余儀なくされてしまうという圧迫感があった[1]。北朝鮮では，反体制とみなされた人びとは，「管理所」という強制収容所に移住させられ，囚人労働を強制されてきた[2]。旧ソ連や中国，北朝鮮などで政治犯として移住させられ，囚人労働を強制された人びとの中には，過酷な労働条件と貧困な食生活により，餓死あるいは「過労死」させられてしまった人びとが少なくない。この数を正確に算定することは困難である。共産主義体制全体で，囚人労働や内戦，強制移住，餓死などにより殺害された人びとの数として，クルトワ（Courtois, 1999, p. 4）は概数として，ソ連では2000万人，中国では6500万人，ベトナムで100万人，北朝鮮で200万人，カンボジアで200万人，東欧で100万人，ラテン・アメリカで15万人，アフリカで170万人，アフガニスタンで150万人，コミンテルン（世界共産党）関係で1万人，合計で約1億人が殺されていると述べている。中国における「大躍進」（1959～61年）による餓死者数については，リン

1）スターリンとソ連共産党による弾圧の史実については，Conquest (1986) 参照。スターリニズムによる犠牲者数については，ソビエト史学者の中で活発に論争がなされてきた。これについては，塩川（1993, pp. 321-407）参照。レーニンを弾圧の起源とする見解もある。これについては，森岡（2005）参照。
2）北朝鮮の強制収容所については，現在も進行中であるので，囚人数などの正確な数値はわかりようもないが，統一研究院の『北朝鮮人権白書』が脱北者からの聞き取り調査に基づいて詳細に記述している。『北朝鮮人権白書』によれば，約20万人が政治犯として収容されているという（『北朝鮮人権白書』2006年度版, p. 217）。

(Lin, 1990) は「過剰死」は約 3000 万人と述べている。デヴリュー (Devereux, 2000) は，20 世紀には 7000 万人以上が飢饉で死亡したと述べている。デヴリューは，20 世紀の主な飢饉のうち，1932～34 年と 1946～47 年のソ連の飢饉，1958～62 年の中国の飢饉，1995～99 年の北朝鮮の飢饉の原因の一つに，政府の政策をあげている。ハッガードとノーランド (Haggard and Noland, 2007, p. 21) は，1990 年初頭から 98 年まで北朝鮮は深刻な飢饉を経験し，その期間に 60 万人から 100 万人が飢饉により死んだと述べている。少数民族に対する過酷な抑圧も独裁体制の重要な史実である。中国のチベットに対する大規模な平定作戦については，毛里和子 (1998, 第 8 章) が詳しい。中兼和津次 (1992, pp. 35-36) は，かつての中国において低賃金体制が続いた背景として一党独裁体制の強力な政治力と社会的圧力の存在を指摘している。渡辺利夫 (1996, 第Ⅷ章) は，毛沢東の時代の中国では，急速な重工業化のために国家的規模での「農民搾取」がどうしても必要であったことを指摘している。渡辺は，中国の農民の「食糧占有量」（農業人口の 1 人が実際に腹に入れることのできた平均的食糧分）が 1950 年頃から 70 年代後半までほとんど変化していないことを示している。

オルッソンとコングドンフォーズ (Olsson and Congdon Fors, 2004)，オルッソン (Olsson, 2007) は，コンゴ民主共和国における独裁体制の生成，維持と，反乱者の存在を，ダイヤモンドや銅などの地下資源の収奪をめぐる闘争との関連で論じ，模型化している。彼らによれば，周辺諸国も巻き込んだコンゴの地下資源争奪戦により，約 300 万人が犠牲になったという[3]。

独裁体制における顕著な史実として第二に，独裁者に対する極端な個人崇拝の蔓延をあげることができよう。1956 年のソ連共産党大会でのフルシチョフの秘密報告は，スターリンへの個人崇拝と弾圧を告発した[4]。フィッツパトリック (Fitzpatrick, 1999, p. 19) は，共産主義者にはフリーメーソンのよ

---

3) コンゴ（ザイール）の歴史については，Leslie (1993) が詳しい。
4) フルシチョフの秘密報告については，Rigby (1969) 参照。

うに，数々の儀式があることを指摘している。たとえば共産主義者には，マルクス，エンゲルス，レーニンそしてスターリンの全集，あるいは共産党の政治局の重要な決定のように，神聖なテキストがあり，それらを常に学習せねばならない。デイヴィス（Davies, S., 1998, p.131）によれば，スターリンの体制は力のみで統治されたわけではない。スターリンによる支配は公の価値，希望と，大衆によるそれらの間での不断の交渉を伴うことにより生成，維持された。アレント（Arendt, 1966, p.4）は，「全体主義の権力では，指導者が生きている限り，最後の最後まで大衆の支持に依拠して支配を続ける」と述べている。アレントのいう「大衆の支持」，デイビスのいう「公の価値，希望と，大衆によるそれらの間での不断の交渉」とは，独裁権力により奨励されてきた大衆による独裁者崇拝と解釈できる[5]。北朝鮮では，1974年2月の朝鮮労働党中央委員会総会以来，いわゆる「唯一思想体系確立の十大原則」という金日成，金正日を神格化する文書が北朝鮮社会の基本原則として国民に指示，強制されている（統一研究院『北朝鮮人権白書』p.128，佐藤，1983）[6]。

　本書はマルクスやエンゲルス，レーニン，スターリンの著作を神聖なテキストとして学習することや毛沢東や金日成の言葉などの暗記，暗唱，独裁者を称える歌を歌うことや踊り，マスゲームなどの個人崇拝を，労働配分という視点から把握する。

　独裁体制における顕著な史実として本書は第三に，生産量や雇用量，賃金などの経済の現状を規定する基本的な変数の水準が，独裁者と国民ないしは独裁者と官僚の間における様々な交渉により決定されたとみなす。旧ソ連や中国，旧東欧，北朝鮮では，中央計画機構による各企業への生産ノルマなどの指令はあったが，経済を完全に管理，運営すると称する「社会主義計画経済」は事実上存在しなかった。各企業は中央計画機構，共産党や労働党，あ

---

[5] Rees（2004, p.17）は，スターリンとヒトラーによる独裁体制は，独裁者の宣伝手法，大衆動員方法において大きく異なっていたと述べている。
[6] 「唯一思想体系確立の十大原則」の日本語訳とその成立の経緯については，佐藤（1983）参照。

るいは企業間での様々な交渉により財の生産量，賃金，雇用や財の品質を決定してきた。独裁体制においては，価格や賃金が十分に伸縮的で財市場の需給を直ちに一致させるように反応していたとは考えられない。

メイリア（Malia, 1994, p.207）は，スターリンの体制下では，コルホーズの市場が存在したこと，不法な闇市場が存在したことを指摘している。メイリアによれば財の交換はある程度は貨幣により行われたが，ある程度は政治的な要素を加味して財が支給された。支給の形態はどうあれ，計画経済は闇市場がなければ機能しえなかったとメイリアは述べている。梁（2001）は，脱北者からの詳細なインタビュー調査を実施し，北朝鮮の各企業は中央計画機構からの命令だけではなく，「主席フォンド」と称する金日成，金正日直属の物資を担当する部門および人民軍関連部署からの命令を受け，生産を行っていることを明らかにした。

独裁体制といえども，独裁者が国民の行動や生活のすべてについて，完全に監督することができ，実際に国民が独裁者の指示と寸分違わないように行動してきたとは考えられない。国民の行動を完全に監視するためには莫大な監視費用がかかるからだ。独裁体制においては，独裁者の指示に公然と逆らうことはできないが，国民は様々な名目で独裁者の指示を曖昧化することができる。また独裁者といえども，国民を自分の指示に従わせるためには，国民の行動方式を考慮せねばならないとみなせよう。独裁体制，特にスターリンの体制をどのように見るかという点で，ソビエト史学者のあいだで大別して全体主義（Totalitarianism）と，修正主義（Revisionism）あるいは社会史という見方があるが，本書の見方は修正主義あるいは社会史の見方に近いといえよう[7]。

独裁体制における顕著な史実として本書は第四に，生産量が主に供給側の要因により決定され，財が不足し低品質となっていたことを指摘する。これ

7）スターリニズムに関する史観の対立については，Gill（1998, Chapter 4）または Litvin and Keep（2005, pp.90-100）参照。

は，旧ソ連や中国，北朝鮮，旧東欧などで顕著であった。発展途上国では，市場経済が十分に発展していないから，財の需給を一致させるように財の生産量が決定されるというよりも，供給量によって財の生産量が規定されてしまうことが多い。ケインズはイギリスや米国経済の特徴として需要不足であることを指摘したが，途上国では需要不足というより供給不足と考えられる。独裁体制は途上国で成立することが多いから，財の生産量は主に供給側の要因によって決定されてきたと考えられる。コルナイ（Kornai, 1979, コルナイ, 1984）は，旧共産圏の経済に共通する特質として，財の不足を指摘している。コルナイによれば，財の不足は国が各企業の赤字を補填する「ソフトな予算制約」に各企業が直面していることと関連している。各企業には消費者にとって不要な財を生産してしまって財が売れ残っても，赤字経営による倒産を心配する誘因がない。そこで各企業は消費者にとってはあまり需要がない財，品質の低い財を生産し続ける。また国から与えられる生産目標を適当な水準で達成するためには，部品や中間財を保蔵しておく必要がある。そこで消費財だけでなく中間物資や部品も不足するようになる。コルナイの理論から敷衍して，本書は独裁体制における財の不足，低品質を労働者による努力不足の問題と把握する。

李（1989）は，北朝鮮における慢性的な食料不足，農業不振の原因として，金日成がトウモロコシを密植させて大量に栽培するように指令したこと，金日成による全国的な段々畑化指令により山が禿山となり，洪水が起きやすくなったことなどを指摘している。李（1990）は，金日成が送電線を地中に埋めるように指令したことにより，漏電が激しくなり，慢性的な電力不足に陥ったことを，財の慢性的な不足の重要な要因として指摘している。

独裁体制における顕著な史実として本書は五番目に，独裁者による巨額の資産蓄積，急速な資本蓄積あるいは，軍拡を指摘する。個人資産の蓄積という点では，スターリンやヒトラーの場合はさほどの水準ではなかったが，毛沢東，金日成，金正日の場合は極端なものだった。軍拡という点では，独裁

体制全般の史実でほぼ共通している。スターリン，毛沢東，金日成，金正日はいずれも，早くから核兵器の有効性に着目し，核開発に腐心してきた。小島（1997, p.61）によれば，中国は1964年の第1回核実験以来，10年ほどは，毎年一回の割合で新しい実験を行ってきた。核爆弾製造のためのウランの精製には莫大な電力が必要であるが，中国ではある時期には，国の3分の1前後の電力はこの方面に使われたのではないかと考えられる。韓国国防部(2000, pp.43-44）によれば，北朝鮮は旧ソ連の技術支援を受けて，1950年代より核兵器開発を模索してきた。1960年代にヨンビョンに大規模な核団地を造成した後，旧ソ連から研究用の原子炉を導入し核関連専門家を養成しつつ，関連技術を蓄積してきた。

軍拡のためには，重化学工業化を進めねばならない。重化学工業化の原資をどこに求めるか，また実際に独裁体制の歴史において，国民経済の中のどの部門が重化学工業化の原資を負担してきたかについては，当事者の間での論争があり，研究者の中でも活発に研究がなされてきた[8]。デイヴィス（Davies, R. W., 1998, p.32）によれば，ソ連では1921年からの新経済政策により経済が内戦前の水準に復帰できた。しかし新経済政策は資本主義国に追いつくためのソ連の産業化に有効な枠組みだろうかという問題は，1920年代のソ連の経済政策上の大問題であった。

オルソン（Olson, 1993）は，独裁者は国際的威信や領土拡大を望むので，軍拡を進めるという点で独裁体制には社会的費用がかかると指摘している。オルソンによればソ連が軍拡に資源を多く配分してきたのは，独裁者の選好によるものである。またオルソンは，独裁者は自分の権力をしかるべき人物に継がせることができない場合，近視眼的になり長期的な投資を怠ることや国民に対する過酷な収奪を行うことを指摘している。

本書が目指しているのは，独裁体制における顕著な史実を歴史学や政治学

8）中兼（1992，第2章）は，農工間資源移転における不等価交換を「価値」を基準にして検討することに疑問を表明している。

の手法で解釈，検討することではなく，主に理論経済学の手法により模型化して，資源配分上の利害関係という視座から史実を分析，解釈することである。それでは顕著な史実を，理論経済学の手法で模型化するためにはどんな手法があるのだろうか。本書は，青木・奥野 (1996)，グライフ (Greif, 1994, 2006) らによる比較制度分析または歴史制度分析の手法に着目する。

3 独裁体制の模型化

　グライフ (Greif, 2006) 全体を要約することは難しいが，この大著での制度についての議論を思い切って単純化すれば，次のように要約できよう。

　グライフによれば，制度とは社会的行動の規則性を生むルール，信念，規範と組織の体系である。制度についてはこれまで社会学や経済学で様々な議論がある。たとえば新制度主義では，経済的な制度を，政体によって経済主体に課される，政治的に決定されたルールとみなす。そこでこの立場では，制度上の安定性と変化を説明する際，政治と効率性の影響に注目する。また制度についての代理人的な視角では，個人が自分の目的を達成するために制度をつくるものとみなす。経済学者の多くはこの立場をとる。これに対し，制度についての構造主義的な立場では，制度は各個人にとって与えられたものであり，制度により個人の関心と行動が形成される。デュルケームなど，多くの社会学者はこの立場をとるが，ウェーバーの伝統に従うものは代理人的な視角をとる。この両者はどちらも，現実のある重要な特質をとらえているから，接合されねばならない。

　制度についての探求がこれまで様々な角度からなされてきたが，結局のところ制度論は，各人が影響を及ぼしてはいるが，各人にとって外生的な，人間がつくる非物質的な要素が生む行動の規則性を問題にすることになる。そこでグライフは，制度とは社会的行動の規則性を生むルール，信念，規範と組織の体系であるという定義を与える。

個人は，他人がその人の社会的な地位により行動を予想することを知っているので，それを所与とすると，個人にとって最適な反応は，他人が自分の予想するように行動することになる。これはたとえば，王の力は彼の軍隊によるものではなく，軍隊の各人が，誰もが国王の命令に従うと考え，そして自分にとっての最適な反応もまた，国王の命令に従うことであるという信念をもっていることによるものだということである。

　ゲーム理論では，ゲームのルールがプレイヤー間で共通の知識となっていることを仮定するが，それは社会のルールの認識上，情報としての役割をよくとらえている。ゲーム理論による分析は，制度が行動をつくり，社会のルールがプレイヤーに共通の認識上のモデルと情報を提供し，各人が他人の行動に関しての信念を形成するように調整するような状況についての考え方をよく表している。ナッシュ均衡による分析は，均衡経路の行動についての信念を制限する。部分ゲーム完全均衡のような均衡についての洗練された概念は，均衡経路から外れた行動，すなわち，期待される行動を所与とすれば，生じえない状況についての信念を制限する。

　制度についての探究をするために必要なものは，社会的，規範的，そして物質的な様々な要素が同時に行動に影響するという事実をとらえる，統合的な枠組みである。ゲーム理論は，社会的交換，規範そして物質的な調整が容易に統合できる枠組みを提供する。ゲーム理論の分析では，利得は特定の結果と，適切であり感情上の反応に関するプレイヤーの信念にいたるような行動をもとにして考慮されている。ゲーム理論の枠組みはルール，信念，規範そして行動の関連をとらえており，制度の許容可能な集合を制限することができる。

　ゲーム理論の枠組みを用いて制度を分析すると，ナッシュ均衡を導くことになる。ナッシュ均衡では，プレイヤーの誰もが，逸脱する誘因を持たない。そこで，ゲーム理論を用いて制度変化の分析をするときには，その制度にとって外生的なパラメーターが変化することを想定して制度の変化を検討する

ことになる。そこでグライフは，短期にはパラメーターであるが，長期には内生変数と解釈しうるものを準パラメーターとみなすことを提唱している。グライフはこうした制度論に基づき，中世の地中海交易を模型により分析している。

グライフによる制度の定義は，制度をゲームの均衡とみなす定義より幅広いものであるから，グライフの制度論は，経済学だけでなく歴史学，社会学を統合したものになっている。制度が社会的行動の規則性を生むルール，信念，規範と組織の体系であるならば，研究対象としている社会での信念や規範，組織について具体的，実証的に把握して論じねばならないことになる。独裁体制という制度を，グライフの手法で考えていくならば，それぞれの独裁体制における信念や規範，組織がどのように社会的行動の規則性を生み出してきたかを検討せねばならない。

この接近法は興味深いものであるが，本書は独裁体制の経済分析を主な課題としているので，制度を資源配分上の効率性，すなわち経済を構成する主体の利害関係の解明という視点から考えていくことにする。経済理論と地域研究をいかに総合するかという問題も重要であるが，ここでは立ち入らない[9]。本書は，制度をゲームの均衡とみなし，独裁体制一般に共通の現象を模型化して検討することを課題としている。独裁体制の模型化に関して，興味深い業績は他には次があげられる。

グロスマン（Grossman, 2002）は，生産者と収奪者から成る経済では，収奪の技術が十分に効率的であるなら，生産者に自分の生産物を守らせるべく十分な支出を強制する権限をもつ「王」をつくることが，生産者，収奪者双方にとって有利になることを示した。グロスマン（Grossman, 2002）は，強力な権力，すなわち独裁体制が成立するミクロ的基礎について解明したのである。ウイントローブ（Wintrobe, 1998）は，独裁体制には大別すると伝統的な独裁

---

9) 経済理論と地域研究の総合，経済理論と意味論の関係については，原（1999）参照。

体制と全体主義という二つの型があることを指摘し，それぞれの模型を提示している。アセモグルとロビンソン（Acemoglu and Robinson, 2000）は，参政権の拡大を，独裁的な権力を握っている富裕層が貧困層による革命を防ぐための合理的な選択の結果であるというモデルを提起した。バーダンとウドリー（Bardhan and Udry, 1999）は，第9章で，発展途上国において，小作人が農閑期に地主のために召使いのような労働をするモデルを提示した。独裁体制における独裁者と国民の関係は，途上国における地主と小作人の関係に類似していると考えられる[10]。ベイツ（Bates, 1983）は，分析の基本単位を個人にするべきとし，国家が成立しておらず，家族間で牛などを奪い合うようなアフリカの部族社会において，秩序と平和が維持される仕組みを説明するために，ゲーム理論による利得行列の手法を用いている。

スティグラーとベッカー（Stigler and Becker, 1977）は，ある財の過去の消費量が「資本」として蓄積し，現時点でその人の効用を増加させるという「中毒症」（Addiction）の模型を提示した。たとえばよい音楽は鑑賞すればするほど，鑑賞する能力それ自体が高くなり，効用の増加となりうる。麻薬中毒も同様の現象と解釈できる。本書はこの模型を応用し，独裁者が自らへの個人崇拝に対する中毒症にかかっているものとして，第5章で提示している。

オルッソンとコングドンフォーズ（Olsson and Congdon Fors, 2004）は，統治者階級と反乱者の関係を，次のように模型化している。

地下資源の使用料あるいは採掘料，あるいはダイヤモンドのような希少鉱産物を入手できる統治者階級と，その下で統治者階級に服している国民から成る経済を考えよう。国民は機会が許せば，独裁者が保有するダイヤモンドを奪ってしまう。国民は保有している労働を，生産のための労働 L^P と，地下資源収奪のための労働 L^R に配分する。統治者階級は国民による収奪から地下資源を守るために，労働を L^D だけ配分する。国民が収奪により得られ

---

10) 小作制度の模型化については，黒崎（2001, 第4章）が詳しい。

る地下資源の割合 P は，次の式により決まる。

$$P = \frac{L^R}{L^R + \theta L^D} \tag{1-1}$$

この式は，ハーシュライファー（Hirshleifer, 1991）によるもので，抗争成功関数（Contest Success Function）とよばれる。θ は，統治者階級による防衛力の相対的な強さを示すパラメーターである。$\theta = 1$ ならば防衛力と収奪力が同様に評価されることになる。国民の生産関数を次のように線形とする。

$$q = A^P L^P, \ A^P > 0 \tag{1-2}$$

国民の労働存在量制約は次になる。

$$l = L^P + L^R \tag{1-3}$$

統治者階級が保有できる地下資源使用料金を D とする。国民は得られる所得より効用を得るとし，効用関数を線形とする。(1-1)(1-2)(1-3)より，国民の効用は次になる。

$$U^P = \frac{L^R D}{L^R + \theta L^D} + A^P(l - L^R) \tag{1-4}$$

統治者階級は，地下資源の使用料金と，財の生産により所得を得る。統治者階級の保有する労働量ないしは生産資源量を $\overline{L}$ とする。統治者階級は労働を，財生産のための労働 L と，地下資源を国民による収奪から防衛するための労働 L^D に配分する。

$$\overline{L} = L + L^D \tag{1-5}$$

統治者階級の生産関数を次のように線形とする。

$$Q = A^E L, \ A^E > 0 \qquad (1\text{-}6)$$

統治者階級の所得は,地下資源の使用料金と財の生産から成る。統治者階級は所得より効用を得るものとし,効用関数を線形とすると,次を得る。

$$U^E = \frac{\theta L^D}{L^R + \theta L^D} D + A^E (\overline{L} - L^D) \qquad (1\text{-}7)$$

オルッソンとコングドンフォーズが想定しているゲームの構造は次のようになっている。はじめに統治者階級が,国民に自らの労働配分を示す。国民はそれを見て,効用を最大にするように労働配分を決定する。このゲームを後ろ向きに解くことにより,部分ゲーム完全均衡を得る。国民は,効用を最大にするように労働配分を決定する。国民の効用最大化のためには次が満たされていなければならない。

$$\frac{\theta D L^D}{(L^R + \theta L^D)^2} - A^P < 0, \ L^R = 0 \qquad (1\text{-}8)$$

$$\frac{\theta D L^D}{(L^R + \theta L^D)^2} - A^P = 0 \qquad (1\text{-}9)$$

$$\frac{\theta D L^D}{(L^R + \theta L^D)^2} - A^P > 0, \ L^R = l \qquad (1\text{-}10)$$

ここでは国民による収奪労働が存在する内点解の場合,すなわち(1-9)式が成立している場合について主に考察しよう。収奪労働は次になる。

$$L^R = \left(\frac{\theta D}{A^P}\right)^{\frac{1}{2}} (L^D)^{\frac{1}{2}} - \theta L^D \qquad (1\text{-}11)$$

統治者階級は,国民の効用最大化行動を考慮して自らの労働配分を決定する。(1-11)を統治者階級の効用関数(1-7)に代入すると次を得る。

$$U^E = (\theta DA^P)^{\frac{1}{2}} (L^D)^{\frac{1}{2}} + A^E(\overline{L} - L^D) \qquad (1\text{-}12)$$

統治者階級の効用最大化のための一階条件より，次を得る。

$$L^D = \frac{\theta DA^P}{4(A^E)^2} \qquad (1\text{-}13)$$

国民による収奪労働が存在しないのは，(1-8)が成立している場合である。国民による収奪労働をゼロにする統治者階級の防衛労働の水準は，(1-9)式で L^R をゼロとおくことにより求められる。これは以下である。

$$L^D_{L^R=0} = \frac{D}{\theta A^P} \qquad (1\text{-}14)$$

統治者階級による防衛労働の水準がこれより小さいなら，国民は収奪を行う。国民がすべての労働を収奪に配分するための条件は，(1-10)が成立している場合である。国民が $L^R=1$ とすると想定して，統治者階級が効用を最大にするように選択する防衛労働の水準が(1-10)を成立させるなら，国民はすべての労働を収奪に配分するから，統治者階級はそれを考慮した防衛労働の水準を国民に示すことになる。

国民が収奪を行うための必要条件は，(1-9)で決定される統治者階級の防衛労働が，(1-14)で決定される国民の収奪労働をゼロにする防衛労働の水準より小さいことである。計算により，次を得る。

$$\theta < 2\frac{A^E}{A^P} \qquad (1\text{-}15)$$

$\frac{A^E}{A^P}$ は，統治者階級の生産性と国民の生産性の比率である。これが防衛労働の相対的な強度 θ の0.5倍より大きければ，統治者階級は防衛労働を，収奪を完全に防ぐような十分な水準にすることが最適ではないから，国民は

収奪労働を行う。$\frac{A^E}{A^P}$ を，オルッソンとコングドンフォーズは不平の尺度とした。不平の尺度が統治者階級による防衛労働の相対的な強さと比して十分な大きさであるとき，国民は収奪を行うことになる。オルッソンとコングドンフォーズは，収奪と防衛に向けられる資源の総和，すなわち L^R+L^D を，闘争の強度と定義した。計算により，これは次になる。

$$L^R+L^D = \frac{\theta D}{4 A^E}\left\{2+\frac{A^P}{A^E}(1-\theta)\right\} \qquad (1\text{-}16)$$

(1-16)より，防衛労働の相対的な強さが1より低ければ，闘争強度は資源使用料金と国民の財生産性の増加関数であり，統治者階級の生産性の減少関数であることがわかる。

国民が労働をすべて収奪に配分することを前提とすると，統治者階級の効用は次になる。

$$U^E = \frac{\theta L^D}{l+\theta L^D} D + A^E(\overline{L}-L^D) \qquad (1\text{-}17)$$

統治者階級は効用を最大にするように労働配分を決定する。計算すると，防衛労働は正値をとらねばならないので次を得る。

$$L^D = \frac{-A^E l + \sqrt{A^E \theta l D}}{A^E \theta} \qquad (1\text{-}18)$$

(1-18)を，(1-10)で $L^R=l$ とおいて代入したとき，(1-10)が成立していれば，国民がすべての労働を収奪に配分し，統治者階級が一定の防衛をするという均衡が成立する。このための条件は次である。

$$\theta D > (A^P \theta)^2 \frac{l}{A^E} + A^E l + 2 A^P \theta l \qquad (1\text{-}19)$$

オルッソンとコングドンフォーズによるこの模型は，統治者階級と彼らが保有している天然資源を狙う国民の利害関係の模型化という点では興味深いものであるが，本書が目指しているのは独裁体制を模型化して，独裁体制を構成する主体間の資源配分上の利害関係を解明することである。この目的のためには独裁者が天然資源を保有し，その使用料を反乱者が得ようとしているので，独裁者は国民に命じて天然資源防衛のための労働をさせるという模型化が必要であろう。本書はこれを第8章で行う。

4 本章のまとめ

この章では，独裁体制の経済理論のために，独裁体制における顕著な史実として，①国民の所得水準が低く抑えられてきたこと，②独裁者に対する個人崇拝の蔓延，③生産量や雇用量，賃金など経済の現状を決定する基本的な変数が，独裁者と国民ないしは独裁者と官僚の間で行われた様々な交渉により決定されたこと，④生産量は主に供給側の要因により決定され，財が不足し低品質となったこと，⑤独裁者による資産蓄積，資本蓄積，そして軍拡を指摘した。次にこれらの史実を，経済を構成する主体間の資源配分上の利害関係という視座から解釈，分析するために重要な貢献をしている理論経済学の文献を概観した。

以下の章では，独裁体制における顕著な史実を反映する模型を提示していく。

第2章

独裁体制の基本模型

本章では，独裁体制における顕著な史実を経済理論から解釈するための，独裁体制の基本模型を提示する。以下で二つの模型が提示されるが，第一の模型がより一般的と考えられるので，以下の章では，第一の模型を基本模型とする。基本模型には，第1章で提示した独裁体制における顕著な史実のうち，①②③④が反映されている。

1 模　　型

1 独裁者が国民の所得水準に制限を課す場合

本章では，独裁体制の基本模型を提示する。はじめに，独裁者が国民の所得水準に制限を課すことができる場合について検討する。次に補論として，独裁者が国民の所得に制限を課さないが，財生産において国民に対し最低限の分配率を設定する場合について検討する。

われわれは独裁者と国民から成る経済を想定する。国民は n 人いるが，等質的なので1人と扱うことができる。財は主に農産物を想定し，財生産には労働 L のみが必要とする。われわれは，独裁体制が主に途上国で成立すると考えているので，この仮定は適切なものであろう。生産関数を次のよう

にコブ・ダグラス型とする。

$$X = A(L)^\gamma, \ 0 < \gamma < 1, \ A > 0 \qquad (2\text{-}1\text{-}1)$$

独裁者は，国民により生産された財のうち，α だけを自分のものとし，残りの $1-\alpha$ を国民のものとする（$0 \leq \alpha \leq 1$）。国民の労働保有量を $\overline{L}$ とする。国民は，財生産のための労働と，独裁者への個人崇拝のための労働 $\overline{L} - L$ を行う。独裁者は国民が行う個人崇拝のための労働に対し，実質賃金 w を支払う。国民の所得 Y は次のようになる。

$$Y = (1-\alpha)A(L)^\gamma + w(\overline{L} - L) \qquad (2\text{-}1\text{-}2)$$

国民は所得を最大にするように労働配分を決定する。所得最大化のための一階条件より，次を得る。

$$L = \left\{\frac{\gamma A(1-\alpha)}{w}\right\}^{\frac{1}{1-\gamma}} \qquad (2\text{-}1\text{-}3)$$

国民は，独裁者の下で働かない場合には，外部で ω だけの所得を得ることができるとしよう。独裁者は国民に対し，ω 以上の所得を保障せねばならない。

$$(1-\alpha)A(L)^\gamma + w(\overline{L} - L) \geq \omega \qquad (2\text{-}1\text{-}4)$$

独裁者には，ω より高い所得を国民に与える誘因はないので，(2-1-4)は等号になる。等号になるということは，独裁者が国民の所得水準に制限を課すことができることを意味している。

$$(1-\alpha)A(L)^\gamma + w(\overline{L} - L) = \omega \qquad (2\text{-}1\text{-}5)$$

独裁者の財生産における取り分から個人崇拝のための賃金払いを引いた残りが，独裁者の消費 C となる。

$$C = \alpha A(L)^{\gamma} - w(\overline{L} - L) \qquad (2\text{-}1\text{-}6)$$

(2-1-5)(2-1-6)より，(2-1-7)を得る。

$$C = A(L)^{\gamma} - \omega \qquad (2\text{-}1\text{-}7)$$

独裁者は，消費と国民による自らに対する個人崇拝から効用を得る。独裁者の効用関数を次のように対数型とする。

$$U = \eta_c \ln C + \eta \ln(\overline{L} - L)$$
$$\eta_c > 0, \ \eta > 0 \qquad (2\text{-}1\text{-}8)$$

η_c は，独裁者の消費に対する選好の程度を表すパラメーターである。η は独裁者の個人崇拝に対する選好の程度を表すパラメーターである。

われわれのゲームの順序は次のようになっている。はじめに独裁者が国民に，財生産の分配率と個人崇拝に対する実質賃金を示す。国民はこれを見て，所得を最大にするように労働配分を決定する。このゲームを後ろ向きに解くことにより，部分ゲーム完全均衡を導く。(2-1-8)に(2-1-7)を代入し，(2-1-9)を得る。

$$U = \eta_c \ln\{A(L)^{\gamma} - \omega\} + \eta \ln(\overline{L} - L) \qquad (2\text{-}1\text{-}9)$$

独裁者は，自らの効用を最大にするように，個人崇拝に対する実質賃金を決める。効用最大化のための一階条件を整理すると，(2-1-10)を得る[1]。

$$\frac{\eta_c \gamma A(L)^{\gamma-1}}{A(L)^{\gamma} - \omega} = \frac{\eta}{\overline{L} - L} \qquad (2\text{-}1\text{-}10)$$

(2-1-10)式の左辺は，財の生産に労働を限界的に配分した場合における，

---

1) この導出については，数学注(1)参照。

消費から得られる限界効用である。(2-1-10)式の右辺は，個人崇拝に労働を限界的に配分した場合における，個人崇拝から得られる限界効用である。効率的な労働配分のためには，これらが等しくなっていなければならない。(2-1-10)より，均衡の労働配分 L^* が，0 または $\bar{L}$ になると，左辺もしくは右辺が無限大になってしまうから，$0 < L^* < \bar{L}$ でなければならない。比較静学をする前に，(2-1-10)を成立させる均衡の労働配分 L^* が存在するか否かを検討しよう。(2-1-10)の左辺を $f(L)$，右辺を $g(L)$ としよう。

$$f(L) = \frac{\eta_c \gamma A(L)^{\gamma-1}}{A(L)^\gamma - \omega} \tag{2-1-11}$$

$$\frac{\partial f}{\partial L} = \eta_c \gamma A(L)^{\gamma-2} \left[\frac{-AL^\gamma + (1-\gamma)\omega}{\{A(L)^\gamma - \omega\}^2} \right] \tag{2-1-12}$$

$$f(0) = -\infty \tag{2-1-13}$$

$$f(\bar{L}) = \frac{\eta_c \gamma A(\bar{L})^{\gamma-1}}{A(\bar{L})^\gamma - \omega} \tag{2-1-14}$$

$f(L)$ は，次の労働の値で，符号が変わる。

$$L = \left(\frac{\omega}{A}\right)^{\frac{1}{\gamma}} \tag{2-1-15}$$

(2-1-15)より小さい水準の労働では，$f(L)$ は負になっている。財生産労働が小さい方からこの値に近づくと，$f(L)$ は負の無限大に近づく。(2-1-15)式と縦軸は $f(L)$ の漸近線になっている。$f(L)$ が極大値となる点は次である。これは (2-1-15) より小さい。

$$L = \left\{\frac{(1-\gamma)\omega}{A}\right\}^{\frac{1}{\gamma}} \tag{2-1-16}$$

極大値より大きな財生産労働の範囲では，傾きが負だから，$f(L)$ の値が

正になっても，財生産労働の増加によって減少する。右辺を次のようにおく。

$$g(L) = \frac{\eta}{\overline{L} - L} \qquad (2\text{-}1\text{-}17)$$

$$g(0) = \frac{\eta}{\overline{L}},\ g(\overline{L}) = \infty \qquad (2\text{-}1\text{-}18)$$

$g(L)$ は，横軸と，$L = \overline{L}$ を漸近線とする双曲線である。したがって $f(\overline{L}) = \dfrac{\eta_C \gamma A (\overline{L})^{\gamma-1}}{A(\overline{L})^{\gamma} - \omega} > 0$ とすると，$f(L)$ と $g(L)$ は交点を一つもつ。こうしてわれわれは図2-1を得る。

図2-1より，$f(\overline{L}) = \dfrac{\eta_C \gamma A (\overline{L})^{\gamma-1}}{A(\overline{L})^{\gamma} - \omega} > 0$ であるなら，均衡の労働配分 L^* がただ一つ存在することがわかった。均衡の労働配分がこのように決定されると，実質賃金と財生産における分配率は(2-1-3)(2-1-5)により次のように決

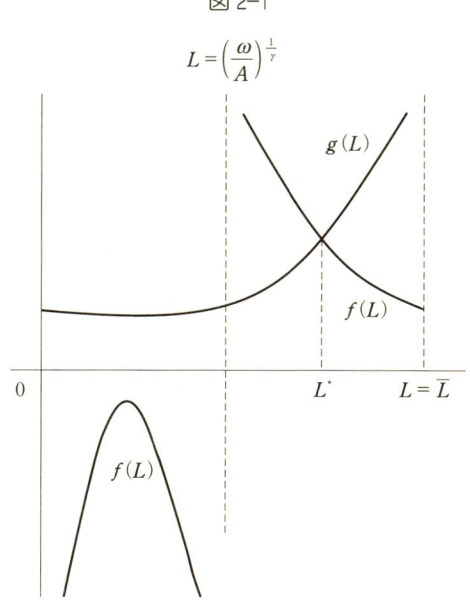

図2-1

定される。

$$w^* = \frac{\gamma\omega}{(1-\gamma)L^* + \gamma\bar{L}} \quad (2\text{-}1\text{-}19)$$

$$\alpha^* = 1 - \frac{\omega(L^*)^{1-\gamma}}{A\{(1-\gamma)(L^*) + \gamma\bar{L}\}} \quad (2\text{-}1\text{-}20)$$

次に,主なパラメーターにより均衡の財生産労働に関する比較静学を行う。結果は表2-1になる[2]。比較静学の結果は次のように解釈できる。

他の条件を一定にして国民の留保所得が増加したとしよう。(2-1-10)式より,財の生産に労働を限界的に配分した場合における,消費から得られる限界効用が増加する。効率的な労働配分のためには,財生産に労働をより多く,個人崇拝に労働をより少なく配分して,消費から得られる限界効用を少なく,個人崇拝から得られる限界効用を多くして両者の均等を図らねばならない。他のパラメーターの変化による効果も同様に解釈できる。

表 2-1

	η_C	η	$\bar{L}$	ω	A
L^*	+	−	+	+	−

比較静学の結果より,われわれは命題2-1を得る。

命題 2-1

独裁者が国民の所得に制限を課している独裁体制において,財生産のための労働は,独裁者の消費に対する選好の程度,労働総量,国民の留保所得の増加関数であり,財の生産性,独裁者の個人崇拝に対する選好の程度の減少関数である。

---

2) 計算結果については,数学注(2)を参照。

個人崇拝に対する実質賃金と，財生産における分配率についての，主な変数による比較静学の結果は(2-1-19)(2-1-20)と表2-1より得られ，表2-2，表2-3のようになる。

表2-2

	η_c	η	$\bar{L}$	ω	A
w^*	−	+	−	±	+

表2-3

	η_c	η	$\bar{L}$	ω	A
α^*	−	+	±	−	+

次に，独裁者が国民の所得に制限を課さないが，財生産において国民に対し最低限の分配率を設定する場合について検討しよう。

2 独裁者が国民の所得に制限を課さないが，財生産において国民に対し最低限の分配率を設定する場合

独裁者が国民の所得に対して，1のように制限を課すのではなく，単に国民の所得最大化行動を考慮して自らの効用を最大にするように，財生産における分配率や個人崇拝に対する実質賃金を国民に提示する場合を考えてみよう。これは1より，独裁者の権力が弱い場合と解釈できるかもしれない。あるいは，国民が独裁者と一体化しており，外部で所得を得ることを想像しにくい場合とも解釈できよう。

生産関数を1と同様にコブ・ダグラス型とする。国民の所得と，所得最大化行動も1と同じであるが，この場合には国民の所得を留保所得以下に抑えることはできないので，(2-1-4)(2-1-5)は適用できない。独裁者の消費は(2-1-6)である。(2-1-6)を独裁者の効用関数(2-1-8)に代入すると，次を

得る。

$$U = \eta_c \ln\{\alpha A(L)^\gamma - w(\overline{L}-L)\} + \eta \ln(\overline{L}-L) \qquad (2\text{-}2\text{-}1)$$

　国民には，財生産の分配で最低限の要求水準，独裁者から見れば，最大限可能な分配率が存在するとしよう。これを α_M とする。ゲームの順序は $\boxed{1}$ と同じとする。独裁者の効用最大化のための一階条件は次になる。

$$\frac{\partial U}{\partial \alpha} = \eta_c \frac{\{\gamma\alpha A(L)^{\gamma-1}+w\}\left(\frac{\partial L}{\partial \alpha}\right)+A(L)^\gamma}{\alpha A(L)^\gamma - w(\overline{L}-L)} - \frac{\eta}{\overline{L}-L}\left(\frac{\partial L}{\partial \alpha}\right) = 0 \qquad (2\text{-}2\text{-}2)$$

$$\frac{\partial U}{\partial w} = \eta_c \frac{\{\gamma\alpha A(L)^{\gamma-1}+w\}\left(\frac{\partial L}{\partial w}\right)}{\alpha A(L)^\gamma - w(\overline{L}-L)} - \frac{\eta}{\overline{L}-L}\left(\frac{\partial L}{\partial w}\right) - \frac{\eta_c(\overline{L}-L)}{\alpha A(L)^\gamma - w(\overline{L}-L)} = 0$$

$$(2\text{-}2\text{-}3)$$

(2-2-2)(2-2-3)を整理すると，次を得る。

$$\left\{\eta_c \frac{\gamma\alpha A(L)^{\gamma-1}+w}{\alpha A(L)^\gamma - w(\overline{L}-L)} - \frac{\eta}{\overline{L}-L}\right\}\left(\frac{\partial L}{\partial \alpha}\right) = \frac{-\eta_c A(L)^\gamma}{\alpha A(L)^\gamma - w(\overline{L}-L)} \qquad (2\text{-}2\text{-}4)$$

$$\left\{\eta_c \frac{\gamma\alpha A(L)^{\gamma-1}+w}{\alpha A(L)^\gamma - w(\overline{L}-L)} - \frac{\eta}{\overline{L}-L}\right\}\left(\frac{\partial L}{\partial w}\right) = \frac{\eta_c(\overline{L}-L)}{\alpha A(L)^\gamma - w(\overline{L}-L)} \qquad (2\text{-}2\text{-}5)$$

$\frac{\partial L}{\partial w}$, $\frac{\partial L}{\partial \alpha}$ の符号はどちらも負である。(2-2-4)の右辺の符号と，(2-2-5)の右辺の符号は逆になるから，(2-2-4)(2-2-5)が同時に成立することはない。次の式が，均衡において負になっているなら，$\frac{\partial U}{\partial \alpha}$ が正になるから，独裁者は最大の分配率 $\alpha = \alpha_M$ を選択することになる。以下，これを示す。

$$h(L) = \eta_c \frac{\gamma\alpha A(L)^{\gamma-1}+w}{\alpha A(L)^\gamma - w(\overline{L}-L)} - \frac{\eta}{\overline{L}-L} \qquad (2\text{-}2\text{-}6)$$

(2-2-6)に国民の所得最大化条件(2-1-3)を代入して整理すると，(2-2-7)

を得る。

$$h(L) = \eta_c \frac{\gamma}{\{\alpha + (1-\alpha)\gamma\}L - (1-\alpha)\gamma\bar{L}} - \frac{\eta}{\bar{L} - L} \quad (2\text{-}2\text{-}7)$$

$h(L)$ のグラフの形状を考えてみよう。(2-2-7) より，以下を得る。

$$\frac{\partial h}{\partial L} = -\eta_c \frac{\gamma\{\alpha + (1-\alpha)\gamma\}}{[\{\alpha + (1-\alpha)\gamma\}L - (1-\alpha)\gamma(\bar{L})]^2} - \frac{\eta}{(\bar{L} - L)^2} < 0 \quad (2\text{-}2\text{-}8)$$

$$h(0) = \frac{-\gamma\eta_c}{(1-\alpha)\gamma\bar{L}} - \frac{\eta}{\bar{L}} < 0 \quad (2\text{-}2\text{-}9)$$

$$h(\bar{L}) = -\infty \quad (2\text{-}2\text{-}10)$$

$h(L)$ は，$L = \frac{(1-\alpha)\gamma}{\alpha + (1-\alpha)\gamma}\bar{L}$ を漸近線とし，$L = \frac{(1-\alpha)\gamma}{\alpha + (1-\alpha)\gamma}\bar{L}$ より小さい財生産労働からこれに近づいていくと，負の無限大になる。逆は逆である。$h(L)$ のグラフは，概ね図 2-2 のようになる。

(2-2-5) で，$\frac{\partial L}{\partial w}$ を右辺に移行して整理すると，右辺は次のようになる。

$$h2(L) = \eta_c \frac{\gamma(\gamma-1)(1-\alpha)(\bar{L}-L)}{\{\alpha + (1-\alpha)\gamma\}L^2 - (1-\alpha)\gamma L(\bar{L})} \quad (2\text{-}2\text{-}11)$$

$h2(L)$ は次のような性質をもっている。L が 0 に近づくと，正の大きな値になる。

$$h2(\bar{L}) = 0 \quad (2\text{-}2\text{-}12)$$

$h2(L)$ も，$L = \frac{(1-\alpha)\gamma}{\alpha + (1-\alpha)\gamma}\bar{L}$ を漸近線とする。$L = \frac{(1-\alpha)\gamma}{\alpha + (1-\alpha)\gamma}\bar{L}$ より小さい財生産労働からこれに近づいていくと，正の無限大になる。逆は逆である。$\frac{\partial h2}{\partial L} = 0$ とする財生産労働 L^E は次になる。

図 2–2

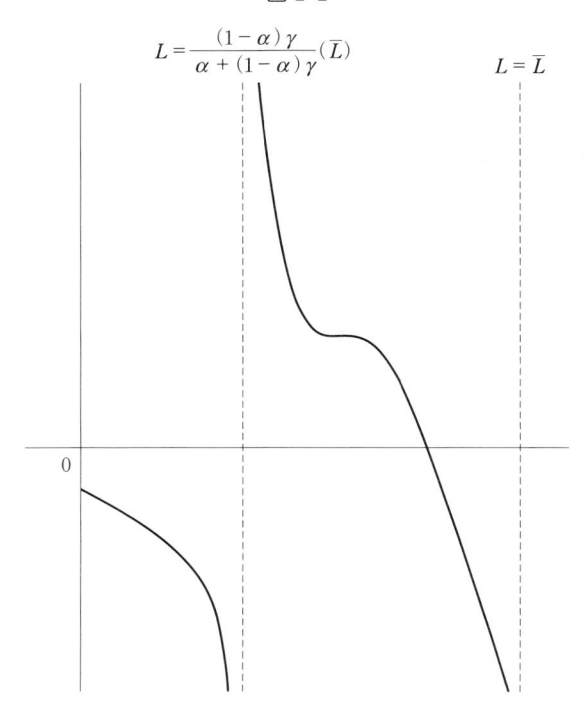

$$L = \frac{(1-\alpha)\gamma}{\alpha + (1-\alpha)\gamma}(\overline{L})$$

$L = \overline{L}$

$$L^E = \overline{L} \pm \frac{\sqrt{\alpha^2 + (1-\alpha)\gamma}}{\alpha + (1-\alpha)\gamma}\overline{L} \qquad (2\text{-}2\text{-}13)$$

L^E は二つ存在し，一つは労働総量 $\overline{L}$ より大きいが，もう一つは小さく，$0 < L^E < \frac{(1-\alpha)\gamma}{\alpha + (1-\alpha)\gamma}\overline{L}$ である。したがって $h2(L)$ は，$L^E = \overline{L} - \frac{\sqrt{\alpha^2 + (1-\alpha)\gamma}}{\alpha + (1-\alpha)\gamma}\overline{L}$ で極小値をとる。$h2(L)$ のグラフを $h(L)$ のグラフとあわせて描くと，図 2–3 のようになる。図 2–3 より，$h(L^*) = h2(L^*)$ とする財生産労働 L^* では，$h(L^*) < 0$ となっていることがわかる。こうして，$h(L^*) < 0$ だから，$\frac{\partial U}{\partial \alpha}$ が正になるので，独裁者は最大の分配率 $\alpha = \alpha_M$ を選択することがわかった。

図 2-3

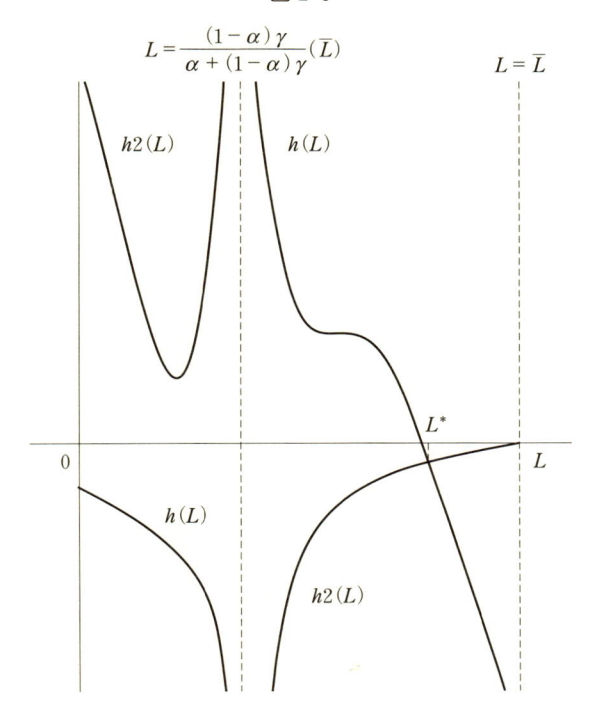

$h2(L)$ は，$0 < L < \dfrac{(1-\alpha)\gamma}{\alpha + (1-\alpha)\gamma}\overline{L}$ では，分子が負，分母が負だから，正の値をとっている。したがって図2-3を得る。図2-3では，交点は一つである。

均衡の財生産労働は(2-2-5)により決定される。(2-2-5)を整理すると次を得る。

$$\eta_c \frac{\gamma\{\alpha + \gamma(1-\alpha)\}(L)^{\gamma-1} + (1-\gamma)\gamma(1-\alpha)(L)^{\gamma-2}(\overline{L})}{\{\alpha + (1-\alpha)\gamma\}(L)^{\gamma} - \gamma(1-\alpha)(L)^{\gamma-1}(\overline{L})} = \frac{\eta}{\overline{L} - L}$$

(2-2-14)

左辺は，財生産に労働を1単位配分したときに，消費が増加することによ

り得られる限界効用である。右辺は，個人崇拝に労働を1単位配分したときに得られる限界効用である。効率的な労働配分のためには，これらが等しくなっていなければならない。(2-2-14)で，主な外生変数により比較静学をすると表2-4を得る。(2-2-14)では，財生産における分配率は独裁者にとって最大の分配率 α_M である[3]。

表2-4

	α_M	η_C	η	$\bar{L}$	A
L^*	−	+	−	+	0

比較静学の結果より，われわれは命題2-2を得る。

命題2-2

独裁者が国民の所得に制限を課していないが，財生産において最低限の分配率を設定している独裁体制を考える。このとき，財生産のための労働は独裁者の消費に対する選好の程度と，労働総量の増加関数であり，独裁者の個人崇拝に対する選好の程度と，独裁者にとって可能な分配率の上限の減少関数である。財の生産性は独裁者が誘導する労働配分に影響を及ぼさない。

独裁者が国民の所得に制限を課していない独裁体制において，個人崇拝に対する実質賃金は，均衡の財生産労働を L^* とすると，次の式により決定される。

$$w^* = (1 - \alpha_M)\gamma A (L^*)^{\gamma - 1} \tag{2-2-15}$$

---
3) 効用最大化のための二階条件については，数学注(3)参照。

個人崇拝の実質賃金に対する，主な変数による比較静学の結果は(2-2-15)と表2-4より得られ，表2-5のようになる。

表2-5

	α_M	η_C	η	$\bar{L}$	A
w^*	±	−	+	−	+

2　本章のまとめ

　独裁体制には，様々な型があるだろう。われわれは第2章で，独裁体制の基本模型として，1 独裁者が国民の所得水準に制限を課す場合，2 独裁者が国民の所得水準に制限を課さないが，財生産において国民に対し最低限の分配率を設定する場合の二つの場合を想定し，それぞれのもとでの資源配分上の利害関係を分析した。2 は 1 より，独裁者の権力が弱い場合と解釈できるかもしれない。あるいは，国民が独裁者と一体化しており，外部で所得を得ることを想像しにくい場合とも解釈できよう。実際には，国民は何らかのやり方で独裁者に従属しないでも外部で所得を得られる場合が多いと考えられるから，われわれは 1 の場合を主たる基本模型とする。

　基本模型では，顕著な史実の①から④は次のように反映されている。国民の留保所得が非常に低い場合，国民の所得水準が低くなる。留保所得とはたとえば，僻地に追放された場合や強制収容所での所得などである。留保所得は一定となっているが，これは国民が受け取る所得の合計が一定になっていることを意味している。国民の総労働時間も一定だから，総労働時間で総所得を除した単位あたり所得も一定である。これは，途上国の経済理論でいえば，労働の無限供給の模型のように，実質賃金が一定となっているものと共通している。

　独裁者に対する個人崇拝の蔓延は，独裁者の個人崇拝に対する選好が強け

れば個人崇拝のための労働が多くなることにより示される。基本模型では生産量や雇用量，賃金は独裁者と国民の間での交渉により決定されている。財の生産量は需要側でなく，供給側の要因により決定されているから，不足する傾向を示すであろう。

本章の分析結果によれば，他の条件を一定にして独裁者の個人崇拝に対する選好が上昇すると，財生産のための労働は減少する。したがって独裁体制において個人崇拝が蔓延している原因の一つは，独裁者の個人崇拝に対する選好が強いことであると解釈できる。また，国民の労働総量が増加すると，財生産のための労働が増加する。逆にいえば，国民の労働総量が減少すると，独裁者は財生産のための労働を減らし，個人崇拝を強化するべく国民を誘導してしまうことになる。これは，独裁体制において飢饉や疾病の流行により国民の労働総量が減少した場合，個人崇拝が強化され，飢饉が深刻化してしまうことを示している。

第3章以下でわれわれは，$\boxed{1}$の基本模型を発展させ，独裁者と国民が様々な状況におかれている場合を想定し，資源配分における利害関係，特に労働配分の決定要因を分析していく。

数 学 注

(1) 独裁者の効用最大化のための一階条件は次になる。

$$\frac{\partial U}{\partial w} = \left\{ \frac{\eta_C \gamma A (L^*)^{\gamma-1}}{A(L^*)^\gamma - \omega} - \frac{\eta}{\bar{L} - L^*} \right\} \left(\frac{\partial L^*}{\partial w} \right) = 0$$

$\dfrac{\partial L}{\partial w}$ を両辺から取り，(2-1-10)を得る。

(2) 独裁者の効用最大化のための二階条件は次である。

$$\frac{\partial^2 U}{\partial w^2} = \left\{ \frac{\eta_C \gamma A (L^*)^{\gamma-1}}{A(L^*)^\gamma - \omega} - \frac{\eta}{\overline{L} - L^*} \right\} \left(\frac{\partial^2 L^*}{\partial w^2} \right) + \frac{\partial^2 U}{\partial L^{*2}} \left(\frac{\partial L^*}{\partial w} \right)^2 < 0$$

上式右辺の第一項は，均衡ではゼロになる。独裁者の効用関数を均衡で，財生産労働により二階微分すると，次を得る。

$$\frac{\partial^2 U}{\partial L^{*2}} = \frac{\eta_C \gamma A \left[(\gamma-1)(L^*)^{\gamma-2} \{A(L^*)^\gamma - \omega\} - (L^*)^{\gamma-1} \gamma A(L^*)^{\gamma-1} \right]}{\{A(L^*)^\gamma - \omega\}^2}$$

$$- \frac{\eta}{(\overline{L} - L^*)^2} < 0$$

したがって効用最大化のための二階条件は満たされている。

均衡では独裁者の消費 $A(L^*)^\gamma - \omega$ は正である。これを用いると，比較静学の計算結果は次になる。

$$\frac{\partial^2 U}{\partial L \partial A} = U_{LA} = -\frac{\gamma \eta_C (L^*)^{\gamma-1}}{\{A(L)^\gamma - \omega\}^2} < 0$$

$$\frac{\partial L^*}{\partial A} = -\frac{U_{LA}}{U_{LL}} < 0$$

$$\frac{\partial^2 U}{\partial L \partial \omega} = U_{L\omega} = \frac{\gamma A \eta_C (L^*)^{\gamma-1}}{\{A(L^*)^\gamma - \omega\}^2} > 0$$

$$\frac{\partial L^*}{\partial \omega} = -\frac{U_{L\omega}}{U_{LL}} > 0$$

$$\frac{\partial^2 U}{\partial L \partial \eta_C} = U_{L\eta_C} = \frac{\gamma A (L^*)^{\gamma-1}}{A(L^*)^\gamma - \omega} > 0$$

$$\frac{\partial L^*}{\partial \eta_C} = -\frac{U_{L\eta_C}}{U_{LL}} > 0$$

$$\frac{\partial^2 U}{\partial L \partial \eta} = U_{L\eta} = -\frac{1}{\overline{L} - L^*} < 0$$

$$\frac{\partial L^*}{\partial \eta} = -\frac{U_{L\eta}}{U_{LL}} < 0$$

$$\frac{\partial^2 U}{\partial L \partial \overline{L}} = U_{L\overline{L}} = \frac{\eta}{(\overline{L} - L^*)^2} > 0$$

$$\frac{\partial L^*}{\partial \overline{L}} = -\frac{U_{L\overline{L}}}{U_{LL}} > 0$$

(3) 独裁者が国民の所得水準に制限を課さない場合に，独裁者の効用最大化のための二階条件は次のようになる。

$$\frac{\partial^2 U}{\partial w^2} = \frac{\partial^2 U}{\partial L^2}\left(\frac{\partial L}{\partial w}\right)\left(\frac{\partial L}{\partial w}\right) + \frac{\partial U}{\partial L}\left(\frac{\partial^2 L}{\partial w^2}\right) < 0$$

$$\frac{\partial^2 C}{\partial L^2} = \gamma(\gamma-1)\{\alpha + \gamma(1-\alpha)\}A(L)^{\gamma-2}$$
$$+ (1-\gamma)\gamma(\gamma-2)(1-\alpha)A(L)^{\gamma-3}(\overline{L}) < 0$$

効用最大化のための一階条件が満たされているとき，$\frac{\partial U}{\partial L} = 0$ であることと，$\frac{\partial^2 C}{\partial L^2} < 0$ であることを考慮すると，上の不等式が成立する。したがって，効用最大化のための二階条件は満たされている。

第3章

独裁体制と天候の変動

本章では，独裁体制において，天候が変動した場合における，独裁者と国民の間の資源配分関係を検討する。独裁体制の歴史において，飢饉はよく観察されているが，独裁者の側はこれを悪天候によるものと説明することが多い。実際に極端な悪天候が生じれば，不作になることは明らかであるが，そもそも天候に関する予想と，独裁者が誘導する国民の労働配分にはどのような関係があるのだろうか。以下では，天候に関する予想を明示した模型を提示することにより，この問題を検討しよう。この章では，独裁体制における顕著な史実のうち，主に④の財の不足が反映されている模型を提示する。

1 模型

1 独裁者が国民の期待所得に制限を課す場合

第2章と同様に，独裁者と国民から成る経済を想定しよう。はじめに，独裁者が国民の期待所得に制限を課す場合を考えよう。財は主に農産物を想定し，生産には労働 L のみが必要とされる。生産関数をコブ・ダグラス型とし，天候により生産性が変動するものとする。よい天候の場合の生産性を A^H，悪い天候の場合の生産性を A^L とし，それぞれ $q, 1-q$ の確率で実現すると

予想されている（$0<q<1$）。生産関数は次のようになる。

$$X^H = A^H(L)^\gamma, \ 0<\gamma<1 \tag{3-1-1}$$

$$X^L = A^L(L)^\gamma, \ 0<\gamma<1 \tag{3-1-2}$$

独裁者は，国民により生産された財のうち，α だけを自分のものとし，残りの $1-\alpha$ を国民のものとする（$0 \leq \alpha \leq 1$）。国民の労働総量を $\overline{L}$ とする。独裁者は国民に財生産のための労働と，個人崇拝のための労働 $\overline{L}-L$ をさせ，個人崇拝のための労働1単位に対し w の実質賃金を支払う。国民も独裁者と同様に，天候に関する予測をしているとすると，国民の期待所得 Y^E は次のようになる。

$$Y^E = q(1-\alpha)A^H(L)^\gamma + (1-q)(1-\alpha)A^L(L)^\gamma + w(\overline{L}-L) \tag{3-1-3}$$

国民は期待所得を最大にするように労働配分を決定する。期待所得の最大化条件は次になる。

$$L = \left[\frac{\gamma(1-\alpha)\{qA^H + (1-q)A^L\}}{w} \right]^{\frac{1}{1-\gamma}} \tag{3-1-4}$$

国民の留保所得 ω は，外部でよい天候が実現する確率とそのときに得られる所得を q^0, ω^H，悪い天候が実現する確率とそのときに得られる所得を $1-q^0, \omega^L$ とすると，次のようになる。$\omega^H > \omega^L$，$0 < q^0 < 1$ とする。

$$\omega = q^0 \omega^H + (1-q^0)\omega^L \tag{3-1-5}$$

q^0, ω^H は，独裁者の支配から脱出することに成功する確率とそのときに得られる所得であり，$1-q^0, \omega^L$ は脱出が失敗する確率とその場合に僻地などに追放されて得ることになる所得と解釈してもよいだろう。僻地に追放された場合には，独裁者の直接的な支配から逃れられるので個人崇拝のための労働はしないが，原始的な生活を強いられて極度に低い所得しか得られない

ことになると考えてもよいだろう。

　独裁者が国民を自分に従わせるためには，国民が期待できる留保所得以上の期待所得を保証せねばならない。国民の契約参加条件は次のようになる。

$$q(1-\alpha)A^H(L)^\gamma + (1-q)(1-\alpha)A^L(L)^\gamma + w(\overline{L}-L)$$
$$\geq q^0\omega^H + (1-q^0)\omega^L \tag{3-1-6}$$

　独裁者には，期待できる留保所得を上回る期待所得を国民に与える誘因はないので，(3-1-6)は等号で成立する。

$$q(1-\alpha)A^H(L)^\gamma + (1-q)(1-\alpha)A^L(L)^\gamma + w(\overline{L}-L)$$
$$= q^0\omega^H + (1-q^0)\omega^L \tag{3-1-7}$$

　われわれのゲームの順序は次のようになっている。はじめに独裁者が国民に対し，財生産における分配率と個人崇拝に対する実質賃金を提示する。国民はこれをみて，期待所得を最大にするように労働配分を決定する。われわれはこのゲームを後ろ向きに解くことにより，部分ゲーム完全均衡を導く。

　独裁者は，期待所得から個人崇拝に対する賃金支払いを引いた残りを消費する。独裁者の予算制約式は次になる。

$$C = q\alpha A^H(L)^\gamma + (1-q)\alpha A^L(L)^\gamma - w(\overline{L}-L) \tag{3-1-8}$$

　独裁者は，国民の参加制約を考慮せねばならない。(3-1-8)に(3-1-7)を代入すると，次を得る。

$$C = qA^H(L)^\gamma + (1-q)A^L(L)^\gamma - q^0\omega^H - (1-q^0)\omega^L \tag{3-1-9}$$

　独裁者は期待される消費と個人崇拝から効用を得る。独裁者の効用関数を次のような対数型とする。

$$U = \eta_c \ln C + \eta \ln(\overline{L} - L)$$
$$\eta_c > 0, \ \eta > 0 \qquad (3\text{-}1\text{-}10)$$

(3-1-10)に(3-1-9)を代入すると次を得る。

$$U = \eta_c \ln \{qA^H(L)^\gamma + (1-q)A^L(L)^\gamma - q^0\omega^H - (1-q^0)\omega^L\}$$
$$+ \eta \ln(\overline{L} - L) \qquad (3\text{-}1\text{-}11)$$

独裁者は効用を最大にするように個人崇拝への実質賃金と財生産における分配率を決定する。独裁者の制約条件は，(3-1-4)で示される国民の誘因制約と，(3-1-7)で示される国民の参加制約である。独裁者の効用を最大化するための一階条件より，われわれは次を得る[1]。

$$\frac{\gamma\eta_c(L)^{\gamma-1}\{qA^H + (1-q)A^L\}}{\{qA^H + (1-q)A^L\}(L)^\gamma - q^0\omega^H - (1-q^0)\omega^L} = \frac{\eta}{\overline{L} - L} \qquad (3\text{-}1\text{-}12)$$

(3-1-12)の左辺は，財生産に労働を限界的に1単位配分した場合に得られる，期待される消費の限界効用である。(3-1-12)の右辺は，個人崇拝に労働を限界的に1単位配分した場合に得られる，個人崇拝の限界効用である。効率的な労働配分のためには，これらが等しくなっていなければならない。

(3-1-12)を第2章の(2-1-10)と比較すると，異なる点は，①財の生産性が変動すること，②留保所得が変動すること，の2点であることがわかる。財の生産性やその実現確率，留保所得やその実現確率はそれぞれ外生変数で正の値をとるから，財生産労働Lのグラフとしては，(3-1-12)は(2-1-10)と同様の形状になる。したがって(3-1-12)を実現する解が$0 < L^* < \overline{L}$の範囲でただ一つ存在することも，次のように同様の仮定をおけばいえることは明らかである。次を仮定する。

1）数学注(1)参照。

$$\{qA^H + (1-q)A^L\}(\overline{L})^\gamma - q^0\omega^H - (1-q^0)\omega^L > 0 \qquad (3\text{-}1\text{-}13)$$

均衡の労働配分 L^* がこのように決定されると，実質賃金と財生産における分配率は(3-1-14)(3-1-15)により次のように決定される。

$$w = \frac{\gamma\{q^0\omega^H + (1-q^0)\omega^L\}}{(1-\gamma)L^* + \gamma\overline{L}} \qquad (3\text{-}1\text{-}14)$$

$$\alpha = 1 - \frac{\{q^0\omega^H + (1-q^0)\omega^L\}(L^*)^{1-\gamma}}{\{qA^H + (1-q)A^L\}\{(1-\gamma)L^* + \gamma(\overline{L})\}} \qquad (3\text{-}1\text{-}15)$$

次に，均衡で主な変数による比較静学を行う。結果は表3-1のようになる[2]。

表 3-1

	η_C	η	A^H	A^L	q	q^0	$\overline{L}$	ω^H	ω^L
L^*	+	−	−	−	−	+	+	+	+

われわれは命題3－1を得る。

=== 命題 3－1 ===

独裁者と国民が天候に関する予想をしており，天候により財の生産性が異なる経済において，独裁者が国民の所得水準に制限をしている場合を考える。財生産のための労働は，独裁者の消費に対する選好の程度，国民が外でよい所得を得られる確率，国民の労働総量，国民が外部で得る所得それぞれの増加関数である。また財生産のための労働は，独裁者の個人崇拝に対する選好の程度，財の生産性，よい天候が生じる確率の減

---

2) 数学注(2)参照。

少関数である。

次に，独裁者が国民の所得水準には制限を課さないが，国民に対し最低限の財生産における分配率を設定する場合について考えてみよう。

2 独裁者が国民の所得に制限を課さないが，財生産において国民に対し最低限の分配率を設定する場合

独裁者が国民の所得に対して，1のように制限を課すのではなく，最低限の分配率を国民に対して設定し，そのもとで国民の所得最大化行動を考慮して自らの効用を最大にするべく，財生産における分配率や個人崇拝に対する実質賃金を国民に提示する場合を考えてみよう。これは1より，独裁者の権力が弱い場合と解釈できるかもしれない。あるいは，国民が独裁者と一体化しており，外部で所得を得ることを想像しにくい場合とも解釈できよう。

生産関数を1と同様にコブ・ダグラス型とする。国民の期待所得と，期待所得最大化行動も1と同じであるが，この場合には国民の所得を留保所得以下に抑えることはできないので，国民の参加制約はない。独裁者の消費は次である。

$$C = q\alpha A^H(L)^\gamma + (1-q)\alpha A^L(L)^\gamma - w(\overline{L} - L) \qquad (3\text{-}2\text{-}1)$$

これを独裁者の効用関数(3-1-10)に代入すると，次を得る。

$$U = \eta_c \ln\{q\alpha A^H(L)^\gamma + (1-q)\alpha A^L(L)^\gamma - w(\overline{L} - L)\} + \eta \ln(\overline{L} - L)$$
$$(3\text{-}2\text{-}2)$$

国民には，財生産の分配で最低限の要求水準，独裁者から見れば，最大限可能な分配率が存在するとしよう。これを α_M とする。ゲームの順序は1

と同じとする。独裁者の効用最大化のための一階条件は次になる。

$$\frac{\partial U}{\partial \alpha} = \eta_c \frac{\{\gamma\alpha q A^H(L)^{\gamma-1} + \gamma\alpha(1-q)A^L(L)^{\gamma-1} + w\}\left(\frac{\partial L}{\partial \alpha}\right) + \{qA^H + (1-q)A^L\}(L)^{\gamma}}{\alpha q A^H(L)^{\gamma} + \alpha(1-q)A^L(L)^{\gamma} - w(\overline{L}-L)}$$

$$- \frac{\eta}{\overline{L}-L}\left(\frac{\partial L}{\partial \alpha}\right) = 0 \tag{3-2-3}$$

$$\frac{\partial U}{\partial w} = \eta_c \frac{\{\gamma\alpha q A^H(L)^{\gamma-1} + \gamma\alpha(1-q)A^L(L)^{\gamma-1} + w\}\left(\frac{\partial L}{\partial w}\right)}{\alpha q A^H(L)^{\gamma} + \alpha(1-q)A^L(L)^{\gamma} - w(\overline{L}-L)} - \frac{\eta}{\overline{L}-L}\left(\frac{\partial L}{\partial w}\right)$$

$$- \frac{\eta_c(\overline{L}-L)}{\alpha q A^H(L)^{\gamma} + \alpha(1-q)A^L(L)^{\gamma} - w(\overline{L}-L)} = 0 \tag{3-2-4}$$

(3-2-3)(3-2-4)を整理すると，次を得る。

$$\left\{\eta_c \frac{\gamma\alpha q A^H(L)^{\gamma-1} + \gamma\alpha(1-q)A^L(L)^{\gamma-1} + w}{\alpha q A^H(L)^{\gamma} + \alpha(1-q)A^L(L)^{\gamma} - w(\overline{L}-L)} - \frac{\eta}{\overline{L}-L}\right\}\left(\frac{\partial L}{\partial \alpha}\right)$$

$$= \frac{-\eta_c\{qA^H + (1-q)A^L\}(L)^{\gamma}}{\alpha q A^H(L)^{\gamma} + \alpha(1-q)A^L(L)^{\gamma} - w(\overline{L}-L)} \tag{3-2-5}$$

$$\left\{\eta_c \frac{\gamma\alpha q A^H(L)^{\gamma-1} + \gamma\alpha(1-q)A^L(L)^{\gamma-1} + w}{\alpha q A^H(L)^{\gamma} + \alpha(1-q)A^L(L)^{\gamma} - w(\overline{L}-L)} - \frac{\eta}{\overline{L}-L}\right\}\left(\frac{\partial L}{\partial w}\right)$$

$$= \frac{\eta_c(\overline{L}-L)}{\alpha q A^H(L)^{\gamma} + \alpha(1-q)A^L(L)^{\gamma} - w(\overline{L}-L)} \tag{3-2-6}$$

$\frac{\partial L}{\partial w}$, $\frac{\partial L}{\partial \alpha}$ の符号はどちらも負である。(3-2-5)の右辺の符号と，(3-2-6)の右辺の符号は逆になるから，(3-2-5)(3-2-6)が同時に成立することはない。次の式が，均衡において負になっているなら，$\frac{\partial U}{\partial \alpha}$ が正になるから，独裁者は最大の分配率 $\alpha = \alpha_M$ を選択することになる。

$$h(L) = \eta_c \frac{\gamma\alpha\{qA^H+(1-q)A^L\}(L)^{\gamma-1}+w}{\alpha\{qA^H+(1-q)A^L\}(L)^{\gamma}-w(\overline{L}-L)} - \frac{\eta}{\overline{L}-L} \quad (3\text{-}2\text{-}7)$$

(3-2-7)は，財の生産性が確率的に変動することを除けば，第2章の式(2-2-6)と同じ形状になっている。財の生産性とその実現確率は外生変数である。国民の期待所得最大化条件は $\boxed{1}$ の(3-1-4)で表される。(3-1-4)を(3-2-7)に代入すると次を得る。

$$h(L) = \eta_c \frac{\gamma\alpha\{qA^H+(1-q)A^L\}(L)^{\gamma-1}+\gamma(1-\alpha)\{qA^H+(1-q)A^L\}(L)^{\gamma-1}}{\alpha\{qA^H+(1-q)A^L\}(L)^{\gamma}-\gamma(1-\alpha)\{qA^H+(1-q)A^L\}(L)^{\gamma-1}(\overline{L}-L)}$$
$$-\frac{\eta}{\overline{L}-L} \quad (3\text{-}2\text{-}8)$$

(3-2-8)を整理すると，次を得る。

$$h(L) = \eta_c \frac{\gamma}{\{\alpha+\gamma(1-\alpha)\}L-\gamma(1-\alpha)(\overline{L})} - \frac{\eta}{\overline{L}-L} \quad (3\text{-}2\text{-}9)$$

(3-2-9)は，第2章の(2-2-7)と同じである。(3-2-6)の右辺に，国民の期待所得最大化条件(3-1-4)を代入し，整理していくと次を得る。

$$\frac{\gamma\eta_c}{\{\alpha+(1-\alpha)\gamma\}L-(1-\alpha)\gamma(\overline{L})} - \frac{\eta}{\overline{L}-L}$$
$$=\frac{\gamma(1-\alpha)\eta_c(\overline{L}-L)}{\{\alpha+(1-\alpha)\gamma\}(L)^2-(1-\alpha)\gamma(L)(\overline{L})}(\gamma-1) \quad (3\text{-}2\text{-}10)$$

(3-2-10)は，第2章の均衡決定式(2-2-5)に，国民の所得最大化条件を代入して整理したものと同じになっているから，同じ均衡が実現されることは明らかである。独裁者は財生産の分配率を，独裁者にとって最大の水準にする。比較静学の結果は第2章と同じである。われわれは命題3-2を得る。

> **命題 3-2**
>
> 独裁者と国民が天候に関する予想をしており，天候により財の生産性が異なる経済において，独裁者が国民の所得水準に制限をしないが，財生産において最低限の分配率を保証する場合を考える。財生産のための労働は独裁者の消費に対する選好の程度と，労働総量の増加関数であり，独裁者の個人崇拝に対する選好の程度と，独裁者にとって可能な分配率の上限に関して減少関数である。財の生産性は独裁者が誘導する労働配分に影響を及ぼさない。

個人崇拝に対する実質賃金は次のようになる。

$$w = \{qA^H + (1-q)A^L\} \gamma (1-\alpha_M)(L^*)^{\gamma-1} \qquad (3\text{-}2\text{-}11)$$

2　本章のまとめ

　本章は，独裁体制において，天候に関する予想を明示した模型を提示して，独裁者と国民の間の資源配分関係，特に労働配分の決定要因を分析した。本章の主な結論は次のように要約できる。

　独裁者と国民が天候に関する予想をしており，天候により財の生産性が異なる経済において，独裁者が国民の所得水準に制限をしている場合を考える。財生産のための労働は，独裁者の消費に対する選好の程度，国民が外部でよい所得を得られる確率，国民の労働総量，国民が外部で得る所得それぞれの増加関数である。また財生産のための労働は，独裁者の個人崇拝に対する選好の程度，財の生産性，よい天候が生じる確率の減少関数であることがわかった。

　次に，独裁者が国民の所得水準に制限をしないが，財生産において最低限

の分配率を保証する場合を考える。このとき財生産のための労働は独裁者の消費に対する選好の程度と，労働総量の増加関数であり，独裁者の個人崇拝に対する選好の程度と，独裁者にとって可能な分配率の上限に関して減少関数であることがわかった。この場合には財の生産性は独裁者が誘導する労働配分に影響を及ぼさない。

　これらの結果からわかるように，独裁体制においては，独裁者の個人崇拝に対する選好が大きければ，財生産のための労働は少なくなってしまう。そのようなときに，悪天候になれば，十分な生産量がないから，国民が窮乏化してしまうことが予想される。独裁者が国民の所得に制限をしている場合，外部で得られると予想できる所得が十分に低い場合も，財生産のための労働は少なくなり，国民に与えられる所得水準は低くなってしまう。国民が外部でよい所得を得られる確率が低いなら，財生産労働は少なくなる。これらの分析結果によれば，独裁体制における飢饉の頻発，国民が低い生活水準を余儀なくされることの主な原因は，独裁者の個人崇拝に対する選好あるいは天候に関する予想であると解釈できる。

数　学　注

(1)　独裁者の効用を最大化するための一階条件は次である。

$$\frac{\partial U}{\partial w} = \frac{\partial U}{\partial L}\left(\frac{\partial L}{\partial w}\right)$$

$$= \left[\frac{\gamma \eta_c (L)^{\gamma-1}\{qA^H + (1-q)A^L\}}{\{qA^H + (1-q)A^L\}(L)^\gamma - q^0 \omega^H - (1-q^0)\omega^L} - \frac{\eta}{\bar{L} - L}\right]\left(\frac{\partial L}{\partial w}\right) = 0$$

$\frac{\partial L}{\partial w} = 0$ を除けば，(3-1-12)を得る。

(2) 比較静学の結果について

　他の条件を一定にして，よい天候が生じる確率が上昇した場合には次のようになる。

$$\frac{\partial^2 U}{\partial L \partial q} = U_{Lq} = \frac{\eta_C \gamma (L)^{\gamma-1}(A^L - A^H)(\omega)}{[\{qA^H + (1-q)A^L\}(L)^\gamma - \omega]^2} < 0$$

$$\frac{\partial L}{\partial q} = -\frac{U_{Lq}}{U_{LL}} < 0$$

　よい天候が生じる確率が高くなると，独裁者は財生産労働を減らすように国民を誘導する。

　他の条件を一定にして，国民が外部でよい留保所得を得られる確率が上昇した場合には次のようになる。これは，独裁者の支配から脱出したときの成功確率が上昇した場合と考えることもできる。

$$\frac{\partial^2 U}{\partial L \partial q^0} = \frac{\gamma \eta_C (L)^{\gamma-1}\{qA^H + (1-q)A^L\}(\omega^H - \omega^L)}{\{qA^H(L)^\gamma + (1-q)A^L(L)^\gamma - q^0\omega^H - (1-q^0)\omega^L\}^2} > 0$$

$$\frac{\partial L}{\partial q^0} = -\frac{U_{Lq^0}}{U_{LL}} > 0$$

第4章

独裁体制と資産蓄積

　本章では，独裁者が資産を蓄積する場合における，独裁者と国民の間の資源配分上の利害関係を考察する。独裁者は，0期と1期の2期間で効用を最大にするように財の消費や資産蓄積量，財生産における分配率と実質賃金を決定する。国民は，0期と1期それぞれで所得を最大にするように労働配分を決定する。上付きの添え字は期間を表すものとする。第2章との主な違いは，独裁者が資産を0期に蓄積することである。この章では，独裁体制における顕著な史実のうち，⑤を主に反映する模型が提示される。

1 模　型

　われわれは独裁者と国民から成る経済を想定する。国民は n 人いるが，等質的なので1人と扱うことができる。財は主に農産物を想定し，財生産には労働 L のみが必要とする。生産関数は第2章の基本模型のようにコブ・ダグラス型とする。

　独裁者は，国民により生産された財のうち，α だけを自分のものとし，残りの $1-\alpha$ を国民のものとする（$0 \leq \alpha \leq 1$）。0期と1期における分配率をそれぞれ α^0, α^1 とする。0期の国民の労働総量を $\bar{L}$，1期の労働総量を $\bar{l}$ とする。国民は，財生産のための労働と，独裁者への個人崇拝のための労働

$\overline{L} - L^0$, $\overline{l} - L^1$ を行う。独裁者は国民が行う個人崇拝のための労働に対し、実質賃金 w を支払う。

0期と1期における国民の所得 Y^0, Y^1 は次のようになる。

$$Y^0 = (1 - \alpha^0) A (L^0)^\gamma + w^0 (\overline{L} - L^0) \quad (4-1)$$

$$Y^1 = (1 - \alpha^1) A^1 (L^1)^\gamma + w^1 (\overline{l} - L^1) \quad (4-2)$$

国民は所得を最大にするようにそれぞれの期において労働を配分する。以下は国民の誘因制約である。

$$L^0 = \{(1 - \alpha^0) \gamma A\}^{\frac{1}{1-\gamma}} (w^0)^{\frac{1}{\gamma-1}} \quad (4-3)$$

$$L^1 = \{(1 - \alpha^1) \gamma A^1\}^{\frac{1}{1-\gamma}} (w^1)^{\frac{1}{\gamma-1}} \quad (4-4)$$

0期、1期それぞれにおける国民の留保所得を ω^0, ω^1 とする。独裁者が国民を自分の支配下におくためには、国民に留保所得以上の所得を保障せねばならない。1期には、人口の増加などにより国民の労働総量が0期と異なっているとしよう。

$$(1 - \alpha^0) A (L^0)^\gamma + w^0 (\overline{L} - L^0) \geq \omega^0 \quad (4-5)$$

$$(1 - \alpha^1) A^1 (L^1)^\gamma + w^1 (\overline{l} - L^1) \geq \omega^1 \quad (4-6)$$

独裁者には、留保所得を上回る所得を国民に与える誘因はないので、(4-5)(4-6)は等号で成立する。

$$(1 - \alpha^0) A (L^0)^\gamma + w^0 (\overline{L} - L^0) = \omega^0 \quad (4-7)$$

$$(1 - \alpha^1) A^1 (L^1)^\gamma + w^1 (\overline{l} - L^1) = \omega^1 \quad (4-8)$$

独裁者は0期における財生産の取り分から、個人崇拝のための賃金支払いと自分の消費 C^0, 資産蓄積 S を行う。簡単化のため、独裁者は1期には資産を蓄積しないとする。0期と1期それぞれにおける独裁者の予算制約式はそれぞれ次のようになる。

$$\alpha^0 A(L^0)^\gamma - w^0(\overline{L} - L^0) - C^0 - S = 0 \qquad (4\text{-}9)$$

$$S + \alpha^1 A^1(L^1)^\gamma - w^1(\overline{l} - L^1) - C^1 = 0 \qquad (4\text{-}10)$$

(4-9)(4-10)それぞれに，国民の参加制約(4-7)(4-8)を代入すると次を得る。

$$A(L^0)^\gamma - \omega^0 - S = C^0 \qquad (4\text{-}11)$$

$$S + A^1(L^1)^\gamma - \omega^1 = C^1 \qquad (4\text{-}12)$$

独裁者は，0期，1期それぞれにおける消費と個人崇拝により効用を得る。独裁者の効用関数を第2章と同様に対数型とする。独裁者の時間選好率を ρ （$\rho \geq 0$）とし，(4-11)(4-12)を効用関数に代入すると次を得る。

$$U = \eta_c \ln\{A(L^0)^\gamma - \omega^0 - S\} + \eta \ln(\overline{L} - L^0)$$

$$+ \frac{\eta_c}{1+\rho} \ln\{A^1(L^1)^\gamma + S - \omega^1\} + \frac{\eta}{1+\rho} \ln(\overline{l} - L^1) \qquad (4\text{-}13)$$

独裁者は効用を最大にするように，0期と1期それぞれにおける実質賃金と分配率，資産蓄積量を決定する。効用最大化のための一階条件は次のようになる[1]。

$$\frac{\partial U}{\partial L^0} = \frac{\eta_c \gamma A(L^0)^{\gamma-1}}{A(L^0)^\gamma - \omega^0 - S} - \frac{\eta}{\overline{L} - L^0} = 0 \qquad (4\text{-}14)$$

$$\frac{\partial U}{\partial L^1} = \frac{\eta_c}{1+\rho}\left\{\frac{\gamma A^1(L^1)^{\gamma-1}}{A^1(L^1)^\gamma + S - \omega^1}\right\} - \frac{\eta}{1+\rho}\left(\frac{1}{\overline{l} - L^1}\right) = 0 \qquad (4\text{-}15)$$

$$\frac{\partial U}{\partial S} = \frac{-\eta_c}{A(L^0)^\gamma - \omega^0 - S} + \frac{1}{1+\rho}\left\{\frac{\eta_c}{A^1(L^1)^\gamma - \omega^1 + S}\right\} = 0 \qquad (4\text{-}16)$$

---

1) (4-14)(4-15)では，前の章と同様に，それぞれ実質賃金で独裁者の効用関数を偏微分してゼロとおいている。

独裁者による資産蓄積量がゼロの場合には，(4-16)は負になるが，その場合には0期，1期の財生産労働は第2章と同様に決定されることが明らかなので，ここでは資産蓄積量が正の場合について検討する。(4-16)を整理すると次を得る。

$$S^1 = \frac{1}{2+\rho}[A(L^0)^\gamma - \omega^0 - (1+\rho)\{A^1(L^1)^\gamma - \omega^1\}] \qquad (4\text{-}17)$$

独裁者による資産蓄積量は(4-17)のように表すことができる。資産蓄積量が正になるのは，0期の生産性が十分に高いか，0期における国民の留保所得が十分に低い場合などである。1期における国民の留保所得が十分に高いなら，独裁者は0期に十分に資産を蓄積して1期に備えねばならない。1期における生産性が十分に高いなら，独裁者は無理をして0期に資産を蓄積する必要はない。時間選好率が十分に高いなら，独裁者は0期の消費から得られる効用をより重視するから，0期に資産を蓄積することはない。

(4-17)を(4-14)(4-15)に代入して整理すると次を得る。

$$\frac{\eta_C \gamma A(L^0)^{\gamma-1}}{\frac{1+\rho}{2+\rho}\{A(L^0)^\gamma - \omega^0\} + \frac{1+\rho}{2+\rho}\{A^1(L^1)^\gamma - \omega^1\}} = \frac{\eta}{\overline{L} - L^0} \qquad (4\text{-}18)$$

$$\frac{(2+\rho)\eta_C \gamma A^1(L^1)^{\gamma-1}}{A^1(L^1)^\gamma - \omega^1 + A(L^0)^\gamma - \omega^0} = \frac{\eta}{\overline{l} - L^1} \qquad (4\text{-}19)$$

(4-18)を整理すると，われわれは次を得る。

$$L^1 = (A^1)^{\frac{-1}{\gamma}}\left[\left(\frac{2+\rho}{1+\rho}\right)\frac{\gamma\eta_C}{\eta}\{(\overline{L}) - (L^0)\}A(L^0)^{\gamma-1}\right.$$
$$\left. - A(L^0)^\gamma + \omega^0 + \omega^1\right]^{\frac{1}{\gamma}} \qquad (4\text{-}20)$$

$$\frac{\partial L^1}{\partial L^0} = (A^1)^{\frac{1}{\gamma}} \left(\frac{1}{\gamma}\right) \left[\left(\frac{2+\rho}{1+\rho}\right) \frac{m_c}{\eta} \{(\overline{L}) - (L^0)\} A (L^0)^{\gamma-1} - A(L^0)^{\gamma} \right.$$
$$+ \omega^0 + \omega^1 \Bigg]^{\frac{1-\gamma}{\gamma}} \left\{ \left(\frac{1+\rho}{2+\rho}\right) \frac{m_c}{\eta} (\overline{L})(\gamma-1) A(L^0)^{\gamma-2} \right.$$
$$\left. - \left(\frac{1+\rho}{2+\rho}\right) \frac{m_c}{\eta} \gamma A(L^0)^{\gamma-1} \right\} < 0 \qquad (4\text{-}21)$$

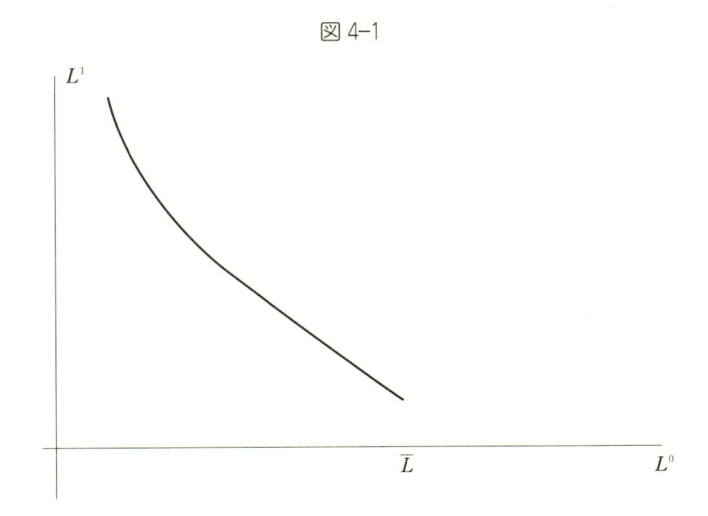

(4-20)(4-21)より，1期の財生産労働と0期の財生産労働の関係は図4-1のようになる。

(4-19)(4-20)を整理すると，独裁者の効用を最大にするための一階条件は次のようになる。

$$\frac{(1+\rho)\eta \left\{ \left(\frac{2+\rho}{1+\rho}\right) \frac{m_c}{\eta} (\overline{L}-L^0) A(L^0)^{\gamma-1} - A(L^0)^{\gamma} + \omega^0 + \omega^1 \right\}^{\frac{\gamma-1}{\gamma}} (A^1)^{\frac{1}{\gamma}} (L^0)^{1-\gamma}}{A(\overline{L}-L^0)}$$
$$= \frac{\eta}{\overline{l} - (A^1)^{\frac{-1}{\gamma}} \left\{ \left(\frac{2+\rho}{1+\rho}\right) \frac{m_c}{\eta} (\overline{L}-L^0) A(L^0)^{\gamma-1} - A(L^0)^{\gamma} + \omega^0 + \omega^1 \right\}^{\frac{1}{\gamma}}} \qquad (4\text{-}22)$$

図4-1

第4章 独裁体制と資産蓄積

(4-22)において，内生変数は0期における財生産労働 L^0 のみになっているので，この式で0期財生産労働が決定される。左辺は，1期における，財消費から得られる限界効用である。右辺は1期における，個人崇拝から得られる限界効用である。どちらも，0期におけるそれぞれの限界効用均等を考慮している。効率的な労働配分のためには，これらが等しくなっていなければならない。左辺と右辺をそれぞれ次のようにおき，解の存在を検討しよう。

$$f(L^0) = \frac{(1+\rho)\eta\left\{\left(\frac{2+\rho}{1+\rho}\right)\frac{\eta_C}{\eta}(\overline{L}-L^0)A(L^0)^{\gamma-1}-A(L^0)^{\gamma}+\omega^0+\omega^1\right\}^{\frac{\gamma-1}{\gamma}}(A^1)^{\frac{1}{\gamma}}(L^0)^{1-\gamma}}{A(\overline{L}-L^0)} \tag{4-23}$$

$$g(L^0) = \frac{\eta}{\overline{l}-(A^1)^{\frac{1}{\gamma}}\left\{\left(\frac{2+\rho}{1+\rho}\right)\frac{\eta_C}{\eta}(\overline{L}-L^0)A(L^0)^{\gamma-1}-A(L^0)^{\gamma}+\omega^0+\omega^1\right\}^{\frac{1}{\gamma}}} \tag{4-24}$$

(4-23)(4-24)より計算すると，次の性質を得る。

$$\frac{\partial f}{\partial L^0} > 0 \tag{4-25}$$

$$f(\overline{L}) = \infty \tag{4-26}$$

$$\frac{\partial g}{\partial L^0} < 0 \tag{4-27}$$

$$g(\overline{L}) > 0 \tag{4-28}$$

(4-25)～(4-28)より，われわれは関数 $f(L^0)$, $g(L^0)$ を図4-2のように描くことができる。

$0 < L^0 < \overline{L}$ の範囲で，均衡の0期財生産労働 L^{0*} がただ一つ存在することがわかった。均衡の1期財生産労働 L^{1*} は，L^{0*} を(4-20)に代入して得ることができる。

均衡の近傍における，主な変数による比較静学の結果は表4-1のように

図 4-2

　　　　　　　　　　　$g(L^0)$
　　　　　　　　　　　　　　　　　$f(L^0)$

　　0　　　　　　　　L^{0*}　　　　$\overline{L}$　　L^0

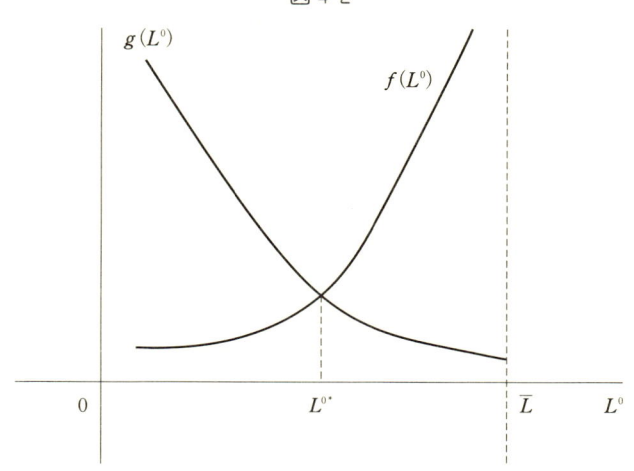

なる[2]。

表 4-1

	η_C	η	A	A^1	$\overline{L}$	$\overline{l}$	ω^0	ω^1	ρ
L^{0*}	+	−	±	−	+	−	+	+	−

　この結果は，次のように解釈できる。他の条件を一定にして，時間選好率が上昇したとしよう。(4-22)の左辺で表されている，財の消費から独裁者が得る限界効用は増加する。(4-22)の右辺で表されている，個人崇拝から独裁者が得る限界効用は減少する。この式では，0期の財生産労働が限界的に増加することにより，財の消費から独裁者が得る限界効用が増加するようになっている。効率的な労働配分のためには，0期の財生産労働を減少させて，財の消費から独裁者が得る限界効用を減らすようにせねばならない。

　他のパラメーターの変化についても，同様に解釈できる。均衡における1

---

2) 数学注参照。

期の財生産労働についての，主な変数により比較静学は表4-2のようになる。

表4-2

	η_c	η	A	A^1	$\bar{L}$	$\bar{l}$	ω^0	ω^1	ρ
L^{1*}	±	±	±	+	±	+	±	±	±

表4-1，4-2の結果より，われわれは命題4-1，4-2を得る。

命題 4-1

独裁者が2期間で効用を最大にするように，財生産における分配率と個人崇拝に対する実質賃金，0期における資産蓄積量を決定している経済を考える。0期の財生産労働は，独裁者の財消費に対する選好の程度，0期の労働総量，0期，1期それぞれにおける留保所得の増加関数である。また0期の財生産労働は，独裁者の個人崇拝に対する選好の程度，1期の財生産性，1期の労働総量，独裁者の時間選好率の減少関数である。

命題 4-2

独裁者が2期間で効用を最大にするように，財生産における分配率と個人崇拝に対する実質賃金，0期における資産蓄積量を決定している経済を考える。1期の財生産労働は，1期の財生産性と1期の労働総量の増加関数である。

個人崇拝に対する実質賃金と財生産における分配率については，それぞれ次のように決定される。

$$w^{0*} = \frac{\gamma\omega^0}{\gamma\bar{L} + (1-\gamma)L^{0*}} \quad (4\text{-}28)$$

$$w^{1*} = \frac{\gamma\omega^1}{\gamma\bar{l} + (1-\gamma)L^{1*}} \quad (4\text{-}29)$$

$$\alpha^{0*} = 1 - \frac{\omega^0(L^{0*})^{1-\gamma}}{A\{\gamma\bar{L} + (1-\gamma)L^{0*}\}} \quad (4\text{-}30)$$

$$\alpha^{1*} = 1 - \frac{\omega^1(L^{1*})^{1-\gamma}}{A^1\{\gamma\bar{l} + (1-\gamma)L^{1*}\}} \quad (4\text{-}31)$$

主な外生変数による財生産における分配率と実質賃金に対する比較静学の結果は次の表4−3〜4−6のようになる。

表4-3

	η_C	η	A	A^1	$\bar{L}$	$\bar{l}$	ω^0	ω^1	ρ
α^{0*}	−	+	±	+	±	+	−	−	+

表4-4

	η_C	η	A	A^1	$\bar{L}$	$\bar{l}$	ω^0	ω^1	ρ
w^{0*}	−	+	±	+	±	+	±	−	+

表4-5

	η_C	η	A	A^1	$\bar{L}$	$\bar{l}$	ω^0	ω^1	ρ
α^{1*}	±	±	±	±	±	±	±	±	±

表4-6

	η_C	η	A	A^1	$\bar{L}$	$\bar{l}$	ω^0	ω^1	ρ
w^{1*}	±	±	±	−	±	−	±	±	±

2 本章のまとめ

　この章では，独裁者が2期間で効用を最大にするように財生産における分配率と実質賃金，資産蓄積量を決定している場合を分析した。分析結果の中で，特に注目すべき点は，時間選好率の上昇により独裁者が誘導する0期の財生産労働が減少することである。時間選好率の上昇とは，現在の効用をより高く評価するようになることである。これは独裁体制において独裁者が近視眼的になると，今期においては，財の生産を減らし，個人崇拝をより強化することが，独裁者にとって経済合理的な行動であることを意味している。逆にいえば独裁者が長期的な視野をもち，将来に得られる効用を重視するようになると，今期の財生産労働が増えることになる。われわれの分析結果は，独裁体制を長く存続させようと思えば，財の生産を増やし，個人崇拝を減らしていくことが，独裁者にとって合理的な選択であるということを示唆している。

数　学　注

　比較静学の結果を得るための計算は，次のようになされている。

$$\frac{\partial^2 U}{\partial L^0 \partial L^0} = U_{LL} = \frac{\partial f}{\partial L^0} - \frac{\partial g}{\partial L^0} > 0$$

　(4-22)により，均衡の0期財生産労働が決定される。一階条件をこのように集約すると，0期の財生産労働を増加させたとき，独裁者が得る限界効用が増加することに留意せねばならない。

　他の条件を一定にして，1期における労働総量が増加した場合，一階条件の式は次のようになる。

$$\frac{\partial^2 U}{\partial L^0 \partial \bar{l}} = U_{l\bar{l}}$$

$$= \frac{\eta}{\left[\bar{l} - (A^1)^{\frac{-1}{\gamma}} \left\{ \left(\frac{2+\rho}{1+\rho}\right) \frac{\eta_C}{\eta} (\bar{L} - L^0) A (L^0)^{\gamma-1} - A (L^0)^{\gamma} + \omega^0 + \omega^1 \right\}^{\frac{1}{\gamma}} \right]^2} > 0$$

$$\frac{\partial L^{0*}}{\partial \bar{l}} = -\frac{U_{l\bar{l}}}{U_{LL}} < 0$$

他の外生変数についても，同様にして計算結果を導くことができる。

第5章

独裁体制と中毒症

　本章では，独裁者が個人崇拝に対する「中毒症」(addiction)にかかっている場合において，独裁者が誘導する資源配分について検討する。Stigler and Becker (1977) は，消費者がある財を消費するとき，その財の過去消費により，「消費資本」(consumption capital) が蓄積されるとみなし，消費者がさらにその財を消費するようになっていくという「中毒症」のモデルを提起した。消費資本とは，麻薬などのように社会的に有害なものだけでなく，音楽などの芸術作品も含むものである。独裁体制における個人崇拝は，独裁者の銅像や寓話，絵画，歌曲などで蓄積されていくとみなすこともできるから，われわれはこれを「消費資本」の一種とみなし，「崇拝資本」とよぶ。「崇拝資本」の存在を考慮したとき，独裁者が誘導する資源配分，特に労働配分はどのような要因により決定されるだろうか。この章では独裁体制における顕著な史実のうち，主に②を反映する模型が提示される。

1　模　型

　独裁者と n 人の国民から成る経済を考える。国民は等質的なので，1人と考えても一般性を失わない。財は主に農産物を想定し，財生産には労働 L のみが必要とする。生産関数をコブ・ダグラス型とする。0期と1期の2期

間を想定し，上付きの文字で期間を表すものとする。

$$X^0 = A(L^0)^\gamma, \ 0 < \gamma < 1, \ A > 0 \tag{5-1}$$

$$X^1 = A^1(L^1)^\gamma, \ A^1 > 0 \tag{5-2}$$

独裁者は，国民により生産された財のうち，α^0，α^1 だけを自分のものとし，残りの $1-\alpha^0$，$1-\alpha^1$ を国民のものとする（$0 \leq \alpha^0 \leq 1$, $0 \leq \alpha^1 \leq 1$）。0期と1期における国民の労働総量をそれぞれ $\bar{L}$，$\bar{l}$ とする。国民は，財生産のための労働と，独裁者への個人崇拝のための労働 $\bar{L}-L^0$，$\bar{l}-L^1$ を行う。独裁者は国民が行う個人崇拝のための労働に対し，実質賃金 w^0，w^1 を支払う。国民の所得 Y^0，Y^1 は次のようになる。

$$Y^0 = (1-\alpha^0)A(L^0)^\gamma + w^0(\bar{L}-L^0) \tag{5-3}$$

$$Y^1 = (1-\alpha^1)A^1(L^1)^\gamma + w^1(\bar{l}-L^1) \tag{5-4}$$

国民は所得を最大にするように労働配分を決定する。所得最大化のための一階条件より，次を得る。

$$L^0 = \left\{\frac{\gamma A(1-\alpha^0)}{w^0}\right\}^{\frac{1}{1-\gamma}} \tag{5-5}$$

$$L^1 = \left\{\frac{\gamma A^1(1-\alpha^1)}{w^1}\right\}^{\frac{1}{1-\gamma}} \tag{5-6}$$

国民は，独裁者の下で働かない場合には，外部で ω，ω^1 だけの所得を得ることができるとしよう。独裁者は国民に対し，ω，ω^1 以上の所得を保証せねばならない。

$$(1-\alpha^0)A(L^0)^\gamma + w^0(\bar{L}-L^0) \geq \omega \tag{5-7}$$

$$(1-\alpha^1)A^1(L^1)^\gamma + w^1(\bar{l}-L^1) \geq \omega^1 \tag{5-8}$$

独裁者には，ω，ω^1 より高い所得を国民に与える誘因はないので，(5-7)

(5-8)は等号になる。等号になるということは，独裁者が国民の所得水準に制限を課すことができることを意味している。

$$(1-\alpha^0)A(L^0)^\gamma + w^0(\overline{L}-L^0) = \omega \tag{5-9}$$

$$(1-\alpha^1)A^1(L^1)^\gamma + w^1(\overline{l}-L^1) = \omega^1 \tag{5-10}$$

独裁者の財生産における取り分から個人崇拝のための賃金払いを引いた残りが，独裁者の消費 C となる。

$$C^0 = \alpha^0 A(L^0)^\gamma - w^0(\overline{L}-L^0) \tag{5-11}$$

$$C^1 = \alpha^1 A^1(L^1)^\gamma - w^1(\overline{l}-L^1) \tag{5-12}$$

(5-9)(5-10)(5-11)(5-12)より，(5-13)(5-14)を得る。

$$C^0 = A(L^0)^\gamma - \omega \tag{5-13}$$

$$C^1 = A^1(L^1)^\gamma - \omega^1 \tag{5-14}$$

0期における個人崇拝 $\overline{L}-L^0$ により，1期には崇拝資本 W^1 が形成されるとしよう。0期にすでに蓄積されている崇拝資本を W^0 とし，次のように蓄積されるものとする。

$$W^1 = W^0 + (\overline{L}-L^0)^\varphi, \quad 0 < \varphi \le \gamma \tag{5-15}$$

独裁者は，消費と国民による自らに対する個人崇拝から効用を得る。独裁者の効用関数を次のように対数型とする。ρ を独裁者の時間選好率とする。

$$U = \eta_c \ln C^0 + \eta \ln(\overline{L}-L^0)$$

$$+ \frac{\eta_c \ln C^1 + \eta \ln(\overline{l}-L^1) + B \ln\{W^0 + (\overline{L}-L^0)^\varphi\}}{1+\rho}$$

$$\eta_c > 0, \quad \eta > 0, \quad \rho \ge 0, \quad B > 0 \tag{5-16}$$

η_c は，独裁者の消費に対する選好の程度を表すパラメーターである。η

は独裁者の個人崇拝に対する選好の程度を表すパラメーターである。

　われわれのゲームの順序は次のようになっている。はじめに独裁者が国民に，財生産の分配率と個人崇拝に対する実質賃金を示す。国民はこれを見て，所得を最大にするように労働配分を決定する。このゲームを後ろ向きに解くことにより，部分ゲーム完全均衡を導く。

　(5-16)に(5-13)(5-14)を代入すると，次を得る。

$$U = \eta_c \ln\{A(L^0)^\gamma - \omega\} + \eta \ln(\bar{L} - L^0)$$
$$+ \frac{\eta_c \ln\{A^1(L^1)^\gamma - \omega^1\} + \eta \ln(\bar{l} - L^1) + B \ln\{W^0 + (\bar{L} - L^0)^\varphi\}}{1+\rho} \quad (5\text{-}17)$$

独裁者は，効用を最大にするようにそれぞれの期における実質賃金と財生産における分配率を決定する。効用最大化のための一階条件を整理すると次を得る[1]。

$$\frac{\eta_c \gamma A(L^0)^{\gamma-1}}{A(L^0)^\gamma - \omega} = \frac{\eta}{\bar{L} - L^0} + \left(\frac{B}{1+\rho}\right) \frac{\varphi(\bar{L} - L^0)^{\varphi-1}}{W^0 + (\bar{L} - L^0)^\varphi} \quad (5\text{-}18)$$

$$\frac{\eta_c \gamma A^1(L^1)^{\gamma-1}}{A^1(L^1)^\gamma - \omega^1} = \frac{\eta}{\bar{l} - L^1} \quad (5\text{-}19)$$

(5-18)で0期の財生産労働，(5-19)で1期の財生産労働が決定される。(5-18)の左辺は，0期に財の消費に労働を1単位配分したときに得られる限界効用である。(5-18)の右辺は，0期に個人崇拝に労働を1単位配分したときに得られる限界効用である。0期に個人崇拝を行うと，その期の効用になるだけでなく，1期において崇拝資本として結実し効用を増加させる効果が(5-18)の右辺第二項として含まれている。効率的な労働配分のためには，これらが等しくなっていなければならない。

　(5-19)については，第2章と同様のグラフを左辺と右辺それぞれについて

1）一階条件については，数学注(1)を参照。

描くことができるので，ただ一つの解 L^{1*} が存在していることは明らかである。(5–18)について，解の存在を確かめるために，左辺と右辺をそれぞれ次のようにおこう。

$$f(L^0) = \frac{\eta_C \gamma A (L^0)^{\gamma-1}}{A(L^0)^\gamma - \omega} \tag{5–20}$$

$$g(L^0) = \frac{\eta}{\overline{L} - L^0} + \left(\frac{B}{1+\rho}\right) \frac{\varphi(\overline{L} - L^0)^{\varphi-1}}{W^0 + (\overline{L} - L^0)^\varphi} \tag{5–21}$$

$f(L^0)$ には次の性質がある。

$$f(0) = -\infty \tag{5–22}$$

$$f(\overline{L}) = \frac{\eta_C \gamma A (\overline{L})^{\gamma-1}}{A(\overline{L})^\gamma - \omega} \tag{5–23}$$

$$\frac{\partial f}{\partial L^0} = \eta_C \gamma A (L^0)^{\gamma-2} \left[\frac{-A(L^0)^\gamma + (1-\gamma)\omega}{\{A(L^0)^\gamma - \omega\}^2} \right] \tag{5–24}$$

$f(L^0)$ は $L^0 = \left(\frac{\omega}{A}\right)^{\frac{1}{\gamma}}$ で符号が変わる。これより小さい財生産労働では，$f(L^0)$ は負，これより大きい財生産労働では正の値になっている。$L^0 = \left(\frac{\omega}{A}\right)^{\frac{1}{\gamma}}$ は $f(L^0)$ の漸近線である。$f(L^0)$ が極大になるのは次の点であるが，このとき $f(L^0)$ の値は負である。

$$L^0 = \left\{\frac{(1-\gamma)\omega}{A}\right\}^{\frac{1}{\gamma}} \tag{5–25}$$

$g(L^0)$ には次の性質がある。

$$g(0) = \frac{\eta}{\overline{L}} + \left(\frac{B}{1+\rho}\right) \frac{\varphi(\overline{L})^{\varphi-1}}{W^0 + (\overline{L})^\varphi} > 0 \tag{5–26}$$

第5章　独裁体制と中毒症

$$g(\overline{L}) = \infty \tag{5-27}$$

$$\frac{\partial g}{\partial L^0} = \left(\frac{\eta}{\overline{L}-L^0}\right)^2 + \left(\frac{B\varphi}{1+\rho}\right)\frac{W^0(1-\varphi)(\overline{L}-L^0)^{-\varphi}+1}{\{W^0(\overline{L}-L^0)^{1-\varphi}+\overline{L}-L^0\}^2} > 0 \tag{5-28}$$

これらよりわれわれは，$f(L^0)$，$g(L^0)$ を，第2章の図2-1と同様に描くことができるので，0期における均衡の財生産労働 L^{0*} がただ一つ存在することがわかった。ここで留意すべきことは，第2章の関数 $g(L)$ の上方に関数 $g(L^0)$ が位置していることである。したがって $f(L^0)$ との交点もより上方

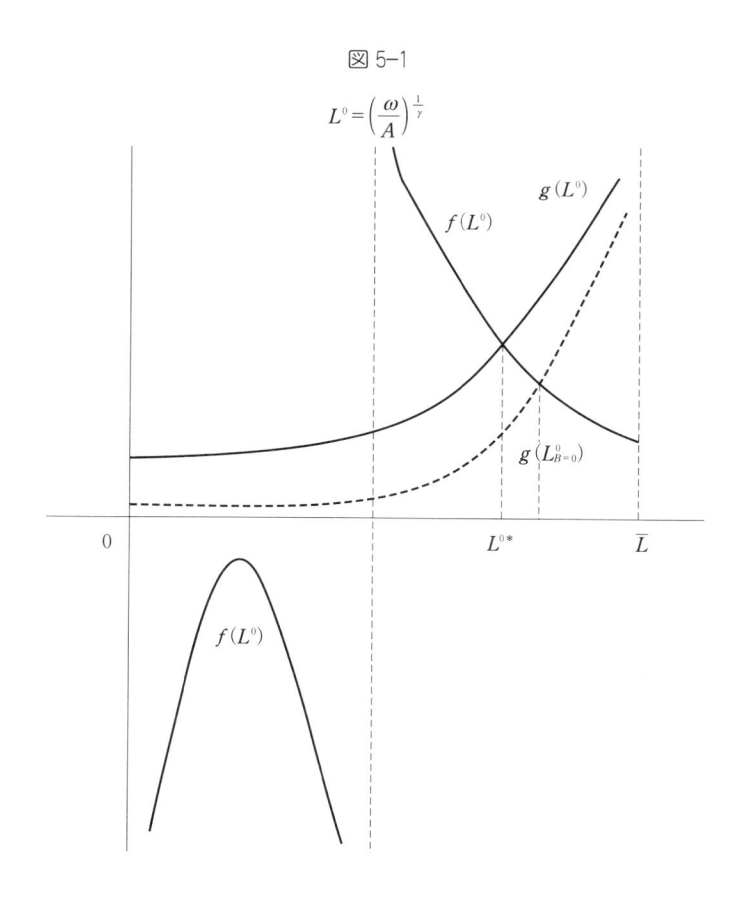

図 5-1

になり，交点の横座標すなわち均衡の財生産労働は，独裁者が中毒症にかかっていない場合よりも小さくなる。

均衡の近傍で比較静学をすると結果は表5－1のようになる[2]。

表5-1

	η_C	η	A	ω	$\bar{L}$	B	ρ	W^0
L^{0*}	＋	－	－	＋	＋	－	＋	＋

これらの結果より，われわれは命題5－1，5－2を得る。

=== 命題5－1 ===
独裁者が自らへの個人崇拝に対する中毒症にかかっている場合，財生産労働は，中毒症になっていない場合より少ない。

=== 命題5－2 ===
独裁者が自らへの個人崇拝に対する中毒症にかかっている場合，財生産労働は独裁者の消費に対する選好，国民の留保所得，労働総量，時間選好率および期首の崇拝資本の量の増加関数である。また財生産労働は，独裁者の個人崇拝に対する選好，財の生産性，次期における崇拝資本に対する選好の減少関数である。

2　本章のまとめ

本章では，独裁者が自らの個人崇拝に対する中毒症にかかっている場合を，

2）数学注(2)参照。

「崇拝資本」に対する選好と把握して，独裁者による労働配分の決定を分析した。独裁者が自らへの個人崇拝に対する中毒症にかかっている場合，財生産労働は，中毒症になっていない場合より少ないことがわかった。また独裁者は，他の条件を一定にして時間選好率が上昇すると，0期における財生産労働を増加させる。この結果は，中毒症にはかかっていないが独裁者が資産を蓄積していく，第4章が想定している場合と異なる結果になっている。これは，0期に個人崇拝を行うと，その期の効用になるだけでなく，1期において崇拝資本として結実し効用を増加させる効果が，効用最大化の条件に含まれているからである。他の条件を一定にして時間選好率が上昇すると，個人崇拝から得られる限界効用が減少する。そこで独裁者が個人崇拝から得る限界効用を財の消費から得られる限界効用と等しくするためには，財の生産を増やす（個人崇拝を減らす）ようにせねばならない。独裁者が個人崇拝に対する中毒症にかかっている場合には，時間選好率の低下すなわち将来に得られる効用をより重視するようになると，結果として今期における個人崇拝を増やし将来の崇拝資本をより多くするように国民を誘導してしまうことが明らかになった。

数 学 注

(1) 効用最大化のための一階条件は次になる。

$$\frac{\partial U}{\partial w^0} = \left\{ \eta_C \frac{\gamma A (L^0)^{\gamma-1}}{A (L^0)^{\gamma} - \omega} - \frac{\eta}{\overline{L} - L^0} \right\} \left(\frac{\partial L^0}{\partial w^0} \right)$$

$$- \left(\frac{B}{1+\rho} \right) \frac{\varphi (\overline{L} - L^0)^{\varphi-1}}{W^0 + (\overline{L} - L^0)^{\varphi}} \left(\frac{\partial L^0}{\partial w^0} \right) = 0$$

$$\frac{\partial U}{\partial w^1} = \left\{ \frac{\eta_C \gamma A^1 (L^1)^{\gamma-1}}{A^1 (L^1)^{\gamma} - \omega^1} - \frac{\eta}{\overline{l} - L^1} \right\} \left(\frac{\partial L^1}{\partial w^1} \right) = 0$$

$\dfrac{\partial L^0}{\partial w^0}$, $\dfrac{\partial L^1}{\partial w^1}$を両辺からとると，(5-18)(5-19)を得る。

(2) 比較静学の計算は次のように行っている。

$$\frac{\partial U}{\partial L^0} = \frac{\eta_C \gamma A (L^0)^{\gamma-1}}{A(L^0)^\gamma - \omega} - \frac{\eta}{\overline{L} - L^0}\left(\frac{B}{1+\rho}\right)\frac{\varphi}{W^0(\overline{L}-L^0)^{1-\varphi} + \overline{L} - L^0} = 0$$

$$\frac{\partial^2 U}{\partial L^0 \partial L^0} = U_{LL} = \gamma \eta_C A \frac{\{-A(L^0)^\gamma + (1-\gamma)\omega\}}{\{A(L^0)^\gamma - \omega\}^2} - \left(\frac{\eta}{\overline{L}-L^0}\right)^2$$

$$- \left(\frac{\varphi B}{1+\rho}\right)\frac{W^0(\overline{L}-L^0)^{-\varphi} + 1}{\{W^0(\overline{L}-L^0)^{1-\varphi} + \overline{L} - L^0\}^2} < 0$$

この符号は，均衡では負になっている。

$$\frac{\partial^2 U}{\partial L^0 \partial B} = U_{LB} = -\left(\frac{1}{1+\rho}\right)\frac{\varphi(\overline{L}-L^0)^{\varphi-1}}{W^0 + (\overline{L}-L^0)^\varphi} < 0$$

$$\frac{\partial L^{0*}}{\partial B} = -\frac{U_{LB}}{U_{LL}} < 0$$

$$\frac{\partial^2 U}{\partial L^0 \partial \rho} = U_{L\rho} = \frac{1}{(1+\rho)^2}\left\{\frac{\varphi B}{W^0(\overline{L}-L^0)^{1-\varphi} + \overline{L} - L^0}\right\} > 0$$

$$\frac{\partial L^{0*}}{\partial \rho} = -\frac{U_{L\rho}}{U_{LL}} > 0$$

$$\frac{\partial^2 U}{\partial L^0 \partial W^0} = U_{LW} = \left(\frac{B}{1+\rho}\right)\frac{\varphi(\overline{L}-L^0)^{\varphi-1}}{\{W^0 + (\overline{L}-L^0)^\varphi\}^2} > 0$$

$$\frac{\partial L^{0*}}{\partial W^0} = -\frac{U_{LW}}{U_{LL}} > 0$$

$$\frac{\partial^2 U}{\partial L^0 \partial \overline{L}} = U_{L\overline{L}} = \frac{\eta}{(\overline{L}-L^0)^2} + \left(\frac{\varphi B}{1+\rho}\right)\frac{W^0(\overline{L}-L^0)^{-\varphi} + 1}{\{W^0(\overline{L}-L^0)^{1-\varphi} + \overline{L} - L^0\}^2} > 0$$

$$\frac{\partial L^{0*}}{\partial \overline{L}} = -\frac{U_{L\overline{L}}}{U_{LL}} > 0$$

第6章
独裁体制と官僚，人民

本章では，独裁者と官僚，人民の三階層が存在する模型を提示する。独裁体制においては，独裁者の様々な命令を人民に実行させる官僚層が存在し，人民は官僚の指令を実行する。独裁者に対する個人崇拝は，官僚により行われるとする。独裁者と官僚の間でゲームが行われ，独裁者は人民を直接に指揮することはないとしよう。この場合に，独裁者が誘導する資源配分，特に労働配分がどのような要因により決定されるかという点が，本章の主な問題である。以下でわれわれは，官僚が人民に財生産のための労働を監督し，人民は監督の指示どおりに財生産労働をする場合と，官僚が財生産のために自分の労働を提供し，さらに人民を雇用する場合について考察する。この章では独裁体制に関する顕著な史実のうち，主に①を反映する模型が提示される。

1　模　型

1　官僚が人民への監督労働を行う場合

独裁者と官僚，人民からなる経済を考えよう。独裁者は1人であるが，官僚と人民はそれぞれ n 人いる。官僚と人民はそれぞれ同質的なので，1人として扱っても一般性を失わない。生産をするのは人民である。財は1種類

で，主に農産物を想定する。官僚は人民に財生産のための労働をさせ，人民は，官僚の指示どおりに労働をする。官僚は人民が供出する労働1単位に対し賃金 w_P を支払う。生産物はすべて国家のものとして官僚に収奪される。官僚が人民に1単位の財生産のための労働をさせるためには，自分も人民に対する監督労働 L を1単位せねばならない。官僚が行う監督労働にも肉体的，精神的疲労などの費用がかかると考えられるので，その自己評価を β $(\beta>0)$ とする。人民が行う財生産労働1単位が，官僚の行う監督労働1単位に対応している。財の生産関数を次のようなコブ・ダグラス型と想定する。

$$X = A(L)^\gamma, \ 0<\gamma<1, \ A>0 \qquad (6\text{-}1\text{-}1)$$

官僚は，財生産の監督労働と，独裁者に対する個人崇拝を行う。官僚がもっている総労働を $\bar{L}$ とすると，個人崇拝に配分される労働は $\bar{L}-L$ になる。人民により生産された財のうち，α が独裁者に献上され，残りの $1-\alpha$ を官僚が取得する $(0 \leq \alpha \leq 1)$。独裁者は，官僚に対し個人崇拝の労働1単位に対し実質賃金 w を支払う。官僚の所得は次のようになる。

$$Y = (1-\alpha)A(L)^\gamma + w(\bar{L}-L) - (w_P+\beta)L \qquad (6\text{-}1\text{-}2)$$

官僚は，所得から得られる効用を最大にするように労働配分を決定する。効用最大化のための一階条件より次を得る。

$$L = \{(1-\alpha)\gamma A\}^{\frac{1}{1-\gamma}}(w+w_P+\beta)^{\frac{1}{\gamma-1}} \qquad (6\text{-}1\text{-}3)$$

独裁者は所得から賃金払いと消費をするので，独裁者の消費は次のようになる。

$$C = \alpha A(L)^\gamma - w(\bar{L}-L) \qquad (6\text{-}1\text{-}4)$$

官僚が独裁者との契約に参加しない場合には，留保所得を外部から得ることができるとしよう。留保所得は，官僚を辞めて人民になる場合には $w_P L$

だけ所得が得られるのだからこれを基準として，aw_PL $(a≥1)$ とする。官僚が独裁者との契約に参加するためには，独裁者の下で得られる所得が留保所得以上でなければいけない。

$$(1-\alpha)A(L)^{\gamma}+w(\overline{L}-L)-(w_P+\beta)L \geq aw_PL \qquad (6\text{-}1\text{-}5)$$

独裁者には，留保所得より大きい所得を官僚に与える誘因はないので，(6-1-5)は等号になる。

$$(1-\alpha)A(L)^{\gamma}+w(\overline{L}-L)-(w_P+\beta)L = aw_PL \qquad (6\text{-}1\text{-}6)$$

(6-1-6)は，官僚が独裁者との契約に参加するための制約条件である。この式は独裁者が官僚に対して制限を課していることを意味している。独裁者は，官僚の契約参加条件と誘因制約条件を考慮して個人崇拝に対する実質賃金と財生産における実質賃金を決定せねばならない。

われわれのゲームの順序は次のようになっている。独裁者は財生産における分配率と個人崇拝に対する実質賃金を官僚に提示する。官僚はこれを見て，所得を最大にするように労働配分を決める。このゲームを後ろ向きに解いていくことにより，部分ゲーム完全均衡を導く。(6-1-6)を(6-1-4)に代入し，(6-1-7)を得る。

$$C = A(L)^{\gamma} - (1+a)w_PL - \beta L \qquad (6\text{-}1\text{-}7)$$

独裁者は，消費と個人崇拝から効用を得る。独裁者の効用関数を次のような対数型とする。

$$U = \eta_c \ln C + \eta \ln(\overline{L}-L)$$
$$\eta_c > 0, \quad \eta > 0 \qquad (6\text{-}1\text{-}8)$$

効用関数に(6-1-7)を代入し，(6-1-9)を得る。

$$U = \eta_c \ln\{A(L)^\gamma - (1+a)w_P L - \beta L\} + \eta \ln(\overline{L} - L) \qquad (6\text{-}1\text{-}9)$$

独裁者は，効用を最大にするように個人崇拝に対する実質賃金を決める。整理すると，独裁者が効用を最大化するための一階条件は次のようになる。

$$\frac{\eta_c\{\gamma A(L)^{\gamma-1} - (1+a)w_P - \beta\}}{A(L)^\gamma - (1+a)w_P L - \beta L} = \frac{\eta}{\overline{L} - L} \qquad (6\text{-}1\text{-}10)$$

(6-1-10)の左辺は，財の生産に1単位労働を配分したときに，財の消費から得られる限界効用である。右辺は，個人崇拝に1単位労働を配分したときに，個人崇拝から得られる限界効用である。効率的な労働配分のためには，これらが等しくなっていなければならない。

(6-1-10)を成立させる解の存在について検討しよう。次のようにおく。

$$f(L) = \frac{\eta_c\{\gamma A(L)^{\gamma-1} - (1+a)w_P - \beta\}}{A(L)^\gamma - (1+a)w_P L - \beta L} \qquad (6\text{-}1\text{-}11)$$

$$f(0) = \infty \qquad (6\text{-}1\text{-}12)$$

$$\frac{\partial f}{\partial L}$$
$$= \eta_c \frac{\gamma A(\gamma-1)(L)^{\gamma-2}\{A(L)^\gamma - (1+a)w_P L - \beta L\} - \{\gamma A(L)^{\gamma-1} - (1+a)w_P - \beta\}^2}{\{A(L)^\gamma - (1+a)w_P L - \beta L\}^2}$$

$$(6\text{-}1\text{-}13)$$

$$f(\overline{L}) = \frac{\eta_c\{\gamma A(\overline{L})^{\gamma-1} - (1+a)w_P - \beta\}}{A(\overline{L})^\gamma - (1+a)w_P \overline{L} - \beta \overline{L}} \qquad (6\text{-}1\text{-}14)$$

$f(L)$は消費が正の値をとっている範囲では負の傾きになっている。$L^2 = \left\{\frac{A}{(1+a)w_P + \beta}\right\}^{\frac{1}{1-\gamma}}$は$f(L)$の漸近線になっている。$f(L)$の分母は，独裁者消費を表し，$L^2 = \left\{\frac{\gamma A}{(1+a)w_P + \beta}\right\}^{\frac{1}{1-\gamma}}$で最大になり，$L = \left\{\frac{A}{(1+a)w_P + \beta}\right\}^{\frac{1}{1-\gamma}}$

でゼロになる。$L^2 = \left\{\dfrac{A}{(1+a)w_P + \beta}\right\}^{\frac{1}{1-\gamma}}$ より大きな財生産労働では負の値になる。$f(L)$の分子は，消費の限界効用を表しているが，財生産労働がゼロのときに無限大になり，$L = \left\{\dfrac{\gamma A}{(1+a)w_P + \beta}\right\}^{\frac{1}{1-\gamma}}$ でゼロになる。$L = \left\{\dfrac{A}{(1+a)w_P + \beta}\right\}^{\frac{1}{1-\gamma}}$ より大きな財生産労働では分母，分子ともに負の値になっているので，全体は正になっている。(6-1-10)の右辺を $g(L)$ とおく。

$g(L)$は正の傾きをもち，$L = \bar{L}$で無限大になる。財生産労働がゼロのときには正の値をとる。

$$g(L) = \frac{\eta}{\bar{L} - L} \qquad (6\text{-}1\text{-}15)$$

$f(L)$，$g(L)$のグラフをわれわれは概ね図6-1のように描くことができる。複数の交点をもつが，独裁者消費が正の範囲にある交点が，独裁者の効用を最大にする均衡の財生産労働を表している。このとき，次の不等号が成立している。

$$\frac{\partial^2 U}{\partial L^2} = U_{LL}$$

$$= \eta_C \frac{\gamma A(\gamma - 1)(L)^{\gamma - 2}\{A(L)^\gamma - (1+a)w_P L - \beta L\} - \{\gamma A(L)^{\gamma - 1} - (1+a)w_P - \beta\}^2}{\{A(L)^\gamma - (1+a)w_P L - \beta L\}^2}$$

$$- \frac{\eta}{(\bar{L} - L)^2} < 0 \qquad (6\text{-}1\text{-}16)$$

(6-1-16)を用いて，均衡点で主な外生変数により比較静学をすると，結果は表6-1のようになる[1]。

---

1) 数学注(1)参照。

図 6-1

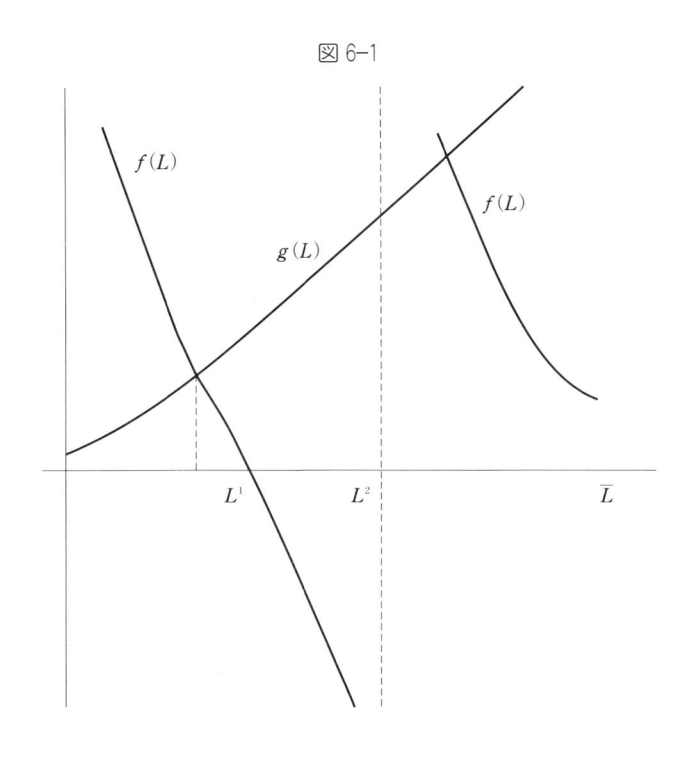

[図: $f(L)$, $g(L)$ の曲線と L^1, L^2, $\bar{L}$ の関係を示すグラフ]

表 6-1

	η_C	η	$\bar{L}$	A	w_P	β	a
L^*	+	−	+	+	−	−	−

　比較静学の結果は，次のように解釈できる。(6-1-10)により労働配分が決定される。他の条件を一定にして，たとえば官僚による自分の労働への評価 β が上昇すると，財の消費に労働を1単位配分することによって得られる限界効用が減少する。この限界効用と，個人崇拝に労働を1単位配分することによって得られる限界効用を等しくするためには，財の生産への労働配分を減らし，個人崇拝への労働配分を増やさねばならない。他のパラメーターが変化した場合についても同様に解釈できる。われわれは命題6-1を得る。

命題 6-1

独裁者が官僚に，自らへの個人崇拝と財生産労働をやらせている独裁体制において，官僚が人民への監督労働を行う場合を考える。このとき人民が行う財生産のための労働は，独裁者の個人崇拝に対する選好，官僚が人民に支払う賃金，官僚の監督労働に対する自己評価，官僚の所得が人民の賃金を上回る率の減少関数である。また財生産労働は，財の生産性と独裁者の財消費に対する選好，労働総量の増加関数である。

(6-1-10)を満たすように財生産労働が決定されると，分配率と個人崇拝に対する実質賃金はそれぞれ次のように決定される。

$$\alpha = 1 - \frac{(L^*)^{1-\gamma}\{aw_P L^* + (w_P+\beta)(\overline{L})\}}{A\{\gamma\overline{L}+(1-\gamma)L^*\}} \quad (6\text{-}1\text{-}17)$$

$$w = \frac{\gamma aw_P - (1-\gamma)(w_P+\beta)}{\gamma\overline{L}+(1-\gamma)L^*}L^* \quad (6\text{-}1\text{-}18)$$

次に，官僚が人民を雇用して財を生産する場合について考察しよう。

2 官僚が人民を雇用して財を生産する場合

官僚が人民を雇用して財の生産と，個人崇拝を行う場合を考えてみよう。官僚の労働を L^B としよう。この模型では，人民はある実質賃金 w^P で無限に労働を供給するとみなす。独裁者と官僚の間では，財の生産における分配率と個人崇拝に対する実質賃金をめぐってゲームが行われているが，独裁者と人民の間には直接の関係はない。人民は官僚に雇用されて労働を供給するだけである。財の生産には，人民による労働と官僚による労働の双方を必要とする。生産関数を次のようにコブ・ダグラス型とする。

$$X = A(L)^\gamma (L^B)^\beta, \ 0<\gamma<1, \ 0<\beta<1 \qquad (6\text{-}2\text{-}1)$$

$$\gamma + \beta < 1 \qquad (6\text{-}2\text{-}2)$$

財は農産物なので，規模に関して収穫逓減とする。官僚は人民に一定の賃金 w^P を支払う。また官僚は独裁者に対する個人崇拝を行い，独裁者から個人崇拝に対する賃金支払いを受け取るので，官僚の所得は次のようになる。

$$Y = (1-\alpha)A(L)^\gamma (L^B)^\beta + w(\overline{L} - L^B) - w^P L \qquad (6\text{-}2\text{-}3)$$

官僚の所得最大化条件より，次を得る。

$$\gamma(1-\alpha)A(L)^{\gamma-1}(L^B)^\beta = w^P \qquad (6\text{-}2\text{-}4)$$

$$\beta(1-\alpha)A(L)^\gamma (L^B)^{\beta-1} = w \qquad (6\text{-}2\text{-}5)$$

官僚の留保所得を $\overline{\omega}\overline{L}$ とする。ここで留保所得に労働総量を乗じているのは，官僚の総数を $\overline{L}$ とみなしたとき，独裁者が官僚の総数を増やした際の均衡への変化を検討するためである。官僚の総数が増えれば，独裁者にとって所得を保証せねばならない人間が増えることになる。独裁者が官僚を自らに従属させるためには，官僚に留保所得以上の所得を保証せねばならない。

$$(1-\alpha)A(L)^\gamma (L^B)^\beta + w(\overline{L} - L^B) - w^P L \geq \overline{\omega}\overline{L} \qquad (6\text{-}2\text{-}6)$$

独裁者には，留保所得を上回る所得を官僚に与える誘因はないので，(6-2-6)は等号で成立する。

$$(1-\alpha)A(L)^\gamma (L^B)^\beta + w(\overline{L} - L^B) - w^P L = \overline{\omega}\overline{L} \qquad (6\text{-}2\text{-}7)$$

(6-2-4)(6-2-5)(6-2-7)を用いて計算し整理すると，以下を得る。

$$L = \frac{\gamma\overline{\omega}L^B(\overline{L})}{(1-\gamma-\beta)w^P L^B + \beta w^P \overline{L}} \qquad (6\text{-}2\text{-}8)$$

$$w = \frac{\beta \overline{\omega} \overline{L}}{(1-\gamma-\beta)L^B + \beta \overline{L}} \qquad (6\text{-}2\text{-}9)$$

$$\alpha = 1 - (A)^{-1} \frac{(\gamma)^{-\gamma} (\overline{\omega} \overline{L})^{1-\gamma} (w^P)^{\gamma} (L^B)^{1-\beta-\gamma}}{\{(1-\gamma-\beta)L^B + \beta (\overline{L})\}^{1-\gamma}} \qquad (6\text{-}2\text{-}10)$$

人民が行う財生産労働,個人崇拝に対する実質賃金,財生産における分配率はそれぞれこのように決定される。独裁者の消費は次になる。

$$C = \alpha A (L)^{\gamma} (L^B)^{\beta} - w(\overline{L} - L^B) \qquad (6\text{-}2\text{-}11)$$

(6-2-11)に(6-2-7)を代入し,次を得る。

$$C = A(L)^{\gamma}(L^B)^{\beta} - w^P L - \overline{\omega} \overline{L} \qquad (6\text{-}2\text{-}12)$$

(6-2-12)に(6-2-8)を代入して整理すると,次を得る。

$$\begin{aligned} C = &A(\gamma \overline{\omega} \overline{L})^{\gamma} (w^P)^{-\gamma} \{(1-\gamma-\beta)L^B + \beta \overline{L}\}^{-\gamma} (L^B)^{\beta+\gamma} \\ &- \{(1-\gamma-\beta)L^B + \beta \overline{L}\}^{-1} \gamma \overline{\omega} L^B (\overline{L}) - \overline{\omega} \overline{L} \end{aligned} \qquad (6\text{-}2\text{-}13)$$

独裁者の効用関数を,次のような対数型とする。

$$U = \eta_c \ln C + \eta \ln (\overline{L} - L^B), \quad \eta_c > 0, \ \eta > 0 \qquad (6\text{-}2\text{-}14)$$

(6-2-14)に(6-2-13)を代入し,次を得る。

$$U = \eta_c \ln \left[\frac{A \left(\frac{\gamma \overline{\omega} \overline{L}}{w^P} \right)^{\gamma} (L^B)^{\beta+\gamma}}{\{(1-\gamma-\beta)L^B + \beta \overline{L}\}^{\gamma}} - \frac{\gamma \overline{\omega} \overline{L} (L^B)}{(1-\gamma-\beta)L^B + \beta \overline{L}} - \overline{\omega} \overline{L} \right]$$
$$+ \eta \ln (\overline{L} - L^B) \qquad (6\text{-}2\text{-}15)$$

独裁者は,効用を最大にするように個人崇拝に対する実質賃金を決定する。効用最大化のための一階条件より,次を得る。

$$\frac{\eta_C}{C}\left[\beta A\left(\frac{\gamma\overline{\omega}\overline{L}}{w^P}\right)^\gamma \frac{\{(1-\gamma-\beta)L^B+(\beta+\gamma)\overline{L}\}}{\{(1-\gamma-\beta)L^B+\beta\overline{L}\}^{1+\gamma}(L^B)^{1-\beta-\gamma}} - \frac{\beta\gamma\overline{\omega}\,(\overline{L})^2}{\{(1-\gamma-\beta)L^B+\beta\overline{L}\}^2}\right]$$

$$-\frac{\eta}{\overline{L}-L^B} = 0 \qquad (6\text{-}2\text{-}16)$$

(6-2-16)の第一項は，財の生産に労働を限界的に1単位配分した場合，財消費が増加することにより得られる限界効用を示している。(6-2-16)の第二項は，個人崇拝に1単位労働を配分した場合に得られる限界効用を示している。効率的な労働配分のためにはこれらが等しくなっていなければならない。(6-2-16)の第一項を次のようにおく。

$$f(L^B) = \frac{\eta_C}{C}\left[\beta A\left(\frac{\gamma\overline{\omega}\overline{L}}{w^P}\right)^\gamma \frac{\{(1-\gamma-\beta)L^B+(\beta+\gamma)\overline{L}\}}{\{(1-\gamma-\beta)L^B+\beta\overline{L}\}^{1+\gamma}(L^B)^{1-\beta-\gamma}}\right.$$

$$\left.-\frac{\beta\gamma\overline{\omega}\,(\overline{L})^2}{\{(1-\gamma-\beta)L^B+\beta\overline{L}\}^2}\right] \qquad (6\text{-}2\text{-}17)$$

(6-2-16)の括弧内は官僚による財生産労働が1単位増えたときの消費の増加分である。

$$\frac{\partial C}{\partial L^B} = \beta A\left(\frac{\gamma\overline{\omega}\overline{L}}{w^P}\right)^\gamma \frac{\{(1-\gamma-\beta)L^B+(\beta+\gamma)\overline{L}\}}{\{(1-\gamma-\beta)L^B+\beta\overline{L}\}^{1+\gamma}(L^B)^{1-\beta-\gamma}}$$

$$-\frac{\beta\gamma\overline{\omega}\,(\overline{L})^2}{\{(1-\gamma-\beta)L^B+\beta\overline{L}\}^2} \qquad (6\text{-}2\text{-}18)$$

(6-2-18)について計算すると，次を得る。

$$\frac{\partial^2 C}{\partial L^B \partial L^B} = \frac{-\beta A\left(\frac{\gamma\overline{\omega}\overline{L}}{w^P}\right)^\gamma}{\{(1-\gamma-\beta)L^B+\beta\overline{L}\}^2(L^B)^{2-\gamma-\beta}}$$

$$\times [\{(1-\gamma-\beta)L^B+(\beta+\gamma)\overline{L}\}(1+\gamma)(1-\gamma-\beta)L^B$$
$$+\{(1-\gamma-\beta)L^B+\beta\overline{L}\}(1-\gamma-\beta)(\beta+\gamma)(\overline{L}-L^B)]$$
$$+\frac{2\gamma\overline{\omega}\beta(\overline{L})^2(1-\gamma-\beta)}{\{(1-\gamma-\beta)L^B+\beta\overline{L}\}^3} \tag{6-2-19}$$

(6-2-19)のはじめの項の符号は負である。$f(L^B)$は次のようになっている。

$$f(L^B)=\frac{\eta_C}{C}\left(\frac{\partial C}{\partial L^B}\right) \tag{6-2-20}$$

$$\frac{\partial f}{\partial L^B}=\frac{\eta_C}{C^2}\left(\frac{\partial^2 C}{\partial L^B \partial L^B}\right)C-\frac{\eta_C}{C^2}\left(\frac{\partial C}{\partial L^B}\right)^2 \tag{6-2-21}$$

(6-2-16)の第二項を次のようにおく。

$$g(L^B)=\frac{\eta}{\overline{L}-L^B} \tag{6-2-22}$$

$$g(0)=\frac{\eta}{\overline{L}}>0 \tag{6-2-23}$$

(6-2-22)は,官僚による財生産労働L^Bに関して,$0 \leq L^B \leq \overline{L}$で単調増加関数である。$L^B=\overline{L}$で$g(L^B)$は無限大になる。$g(L^B)$と$f(L^B)$が$0 \leq L^B \leq \overline{L}$で交点をもち,その交点で効用最大化のための二階条件が満たされていれば,その点が独裁者の効用を最大化する点である。$f(L^B)$について,次のことがいえる。

労働を1単位増加させたときの消費の増加分$\frac{\partial C}{\partial L^B}$は,官僚による財生産労働$L_B$がゼロに近いときには第一項が大きくなるから,そのときには正で大きな値になる。このとき独裁者消費Cは負であろう。したがって官僚による財生産労働L^Bが非常に小さいときに,$\frac{\eta_C}{C}\left(\frac{\partial C}{\partial L^B}\right)$は負の値から正の大き

第6章 独裁体制と官僚,人民

な値に変化する。そのあと，$\frac{\partial C}{\partial L^B}$は，$L^B = \overline{L}$になるまで，ずっと正かもしれない。その場合には独裁者の消費はゼロから$L^B = \overline{L}$まで単調に増加していく。

独裁者消費は，財生産労働L^Bの非常に小さい値でゼロになる。そのときには，$\frac{\eta_C}{C}\left(\frac{\partial C}{\partial L^B}\right)$は正の大きな値になっている。$\frac{\partial C}{\partial L^B}$は，官僚による財生産労働$L^B$が大きくなると少しずつ小さくなっていくかもしれないが，独裁者消費が大きくなるので，$\frac{\eta_C}{C}\left(\frac{\partial C}{\partial L^B}\right)$は小さくなっていくことになる。$\frac{\eta_C}{C}\left(\frac{\partial C}{\partial L^B}\right)$は，財生産労働の非常に小さい値で極大になっている。

$\frac{\partial C}{\partial L^B}$の符号は，$0 < L^B < \overline{L}$で負になるかもしれない。独裁者消費は，$\frac{\partial C}{\partial L^B} = 0$となる財生産労働で極大になっている。負になると，独裁者消費はその点から，財生産労働に関して減少関数になる。$\frac{\eta_C}{C}\left(\frac{\partial C}{\partial L^B}\right)$は$\frac{\partial C}{\partial L^B}$が負のとき，負になっている。

$\frac{\partial^2 C}{\partial L^B \partial L^B}$の符号が正で，$\frac{\eta_C}{C}\left(\frac{\partial C}{\partial L^B}\right)$が極値をもつとき，極値が二つになりうる。一つは非常に小さい財生産労働で極大値，もう一つはある程度大きい財生産労働で極小値である。

財生産性Aが十分に大きいなら，$\frac{\partial^2 C}{\partial L^B \partial L^B} < 0$だから，官僚による財生産労働が増加していくと，$\frac{\partial C}{\partial L^B}$は小さくなっていくが，$0 < L^B < \overline{L}$で負になることはない。独裁者消費は財生産労働が増えると単調に増加するだけである。$\frac{\eta_C}{C}\left(\frac{\partial C}{\partial L^B}\right)$は，非常に小さい財生産労働で極大値になり，そのあとは単調に減少していく。財生産性がさほど大きくない場合には，$\frac{\partial^2 C}{\partial L_B \partial L_B} < 0$になると考えよう。

われわれは財生産性が十分に大きい場合には図6-2，財生産性がさほど大きくない場合には図6-3のように$f(L^B)$，$g(L^B)$をそれぞれ描くことがで

きる。どちらのグラフの場合でも，$\dfrac{\eta}{L}$ が極端に大きな値をとらない限り，一階条件を満たす財生産労働が $0 < L^B < \overline{L}$ の範囲で存在する。効用最大化のための二階条件は次である。

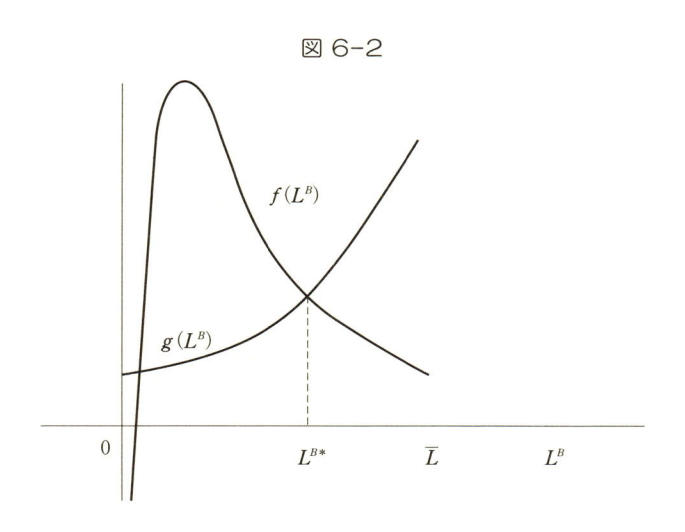

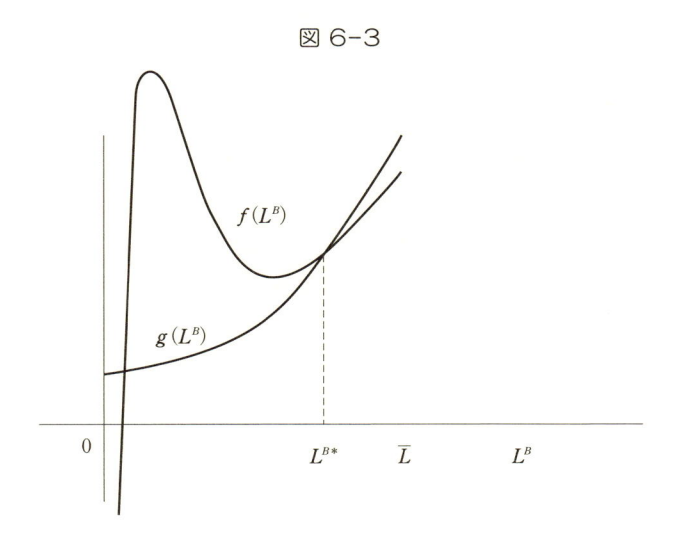

図 6-2

図 6-3

図 6-4

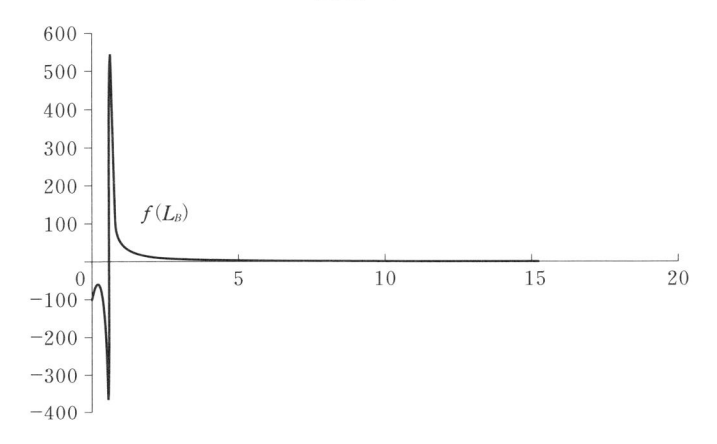

```
600
500
400
300
200
100     f(L_B)
  0
-100
-200
-300
-400
       0    5    10    15    20
```

$$\frac{\partial^2 U}{\partial L^B \partial L^B} = \frac{\eta_C}{C^2}\left(\frac{\partial^2 C}{\partial L^B \partial L^B}\right)C - \frac{1}{C^2}\left(\frac{\partial C}{\partial L^B}\right)^2 - \frac{\eta}{(\overline{L}-L^B)^2} < 0 \quad (6\text{-}2\text{-}24)$$

この符号は，均衡点では，図6-2，図6-3より成立していることがわかる。

図6-4は次の数値例を用いて，Excelにより$f(L_B)$をグラフ化したものである。

$$\gamma = 0.4,\ \overline{\omega} = 2,\ \overline{L} = 15.21,\ \beta = 0.3,\ A = 31,\ w_P = 0.9,\ \eta_C = 0.3,\ \eta = 0.7$$
$$L^B = 0.01,\ 0.02,\ 0.03,\ \cdots\cdots,\ 15.20,\ 15.21$$

この数値例では$g(L_B)$との交点は，$L_B = 14.31 \sim 14.41$の近辺にあることがわかった。

(6-2-16)を用いて，主な変数により比較静学を行うと，われわれは表6-2を得る[2]。比較静学の結果は，次のように解釈できる。他の条件を一定にして財の生産性が上昇したとしよう。数学注(2)の計算結果より，財の消費より得られる限界効用が低下することがわかる。個人崇拝より得られる限界効

---
2) 比較静学については，数学注(2)参照。

用は変化しないから，財の消費より得られる限界効用を高くするためには，官僚が行う財生産労働を減らさねばならない．他の外生変数の結果についても，同様に解釈できる．

この模型の重要な特徴は，官僚の留保所得や労働総量が増加したとき，官僚の財生産労働の変化の方向が不確定になっていることである．官僚の労働総量が増えると，独裁者にとっては財の生産や個人崇拝に使える労働の総量が増えたことになるが，費用の増加でもある．官僚の留保所得が増えると，独裁者にとっては費用の増加であるが，官僚が雇用する人民の労働量も増えるから，生産の増加に貢献するという効果もあるので，変化の方向が不確定になる．独裁体制では，官僚の数を増やしたほうがよいとは必ずしもいえないことがわかる．

比較静学の結果より，われわれは表6-2，表6-3を得る．人民が行う財生産労働は，(6-2-8)により決定される．

表6-2

	η_C	η	A	w^P	$\bar{L}$	$\bar{\omega}$
L^{B*}	+	−	−	+	±	±

人民が行う財生産労働 L^* について，主な外生変数による比較静学の結果は表6-3のようになる．

表6-3

	η_C	η	A	w^P	$\bar{L}$	$\bar{\omega}$
L^*	+	−	−	±	±	±

これらの結果より，われわれは命題6-2，命題6-3を得る．

== 命題6-2 ==
官僚が人民を雇用して財の生産を行い，自らも財の生産と独裁者への個

人崇拝を行う独裁体制を考える．このとき官僚が行う財生産労働は，独裁者の財消費に対する選好と官僚が人民に支払う賃金の増加関数であり，独裁者の個人崇拝に対する選好と財の生産性の減少関数である．

═ 命題 6-3 ═
官僚が人民を雇用して財の生産を行い，自らも財の生産と独裁者への個人崇拝を行う独裁体制を考える．このとき人民が行う財生産労働は，独裁者の財消費に対する選好の増加関数であり，独裁者の個人崇拝に対する選好と財の生産性の減少関数である．

2 本章のまとめ

本章では，独裁者と官僚，人民の三階層が存在する模型を，①官僚が人民への監督労働を行う場合，②官僚が人民を雇用して財を生産する場合の二つで提示した．前者の場合，人民が行う財生産のための労働は，独裁者の個人崇拝に対する選好と官僚が人民に支払う賃金，官僚の監督労働に対する自己評価，官僚の所得が人民の賃金を上回る率の減少関数である．また財生産労働は，財の生産性と独裁者の財消費に対する選好，労働総量の増加関数であることがわかった．後者の場合，官僚が行う財生産労働は，独裁者の財消費に対する選好と官僚が人民に支払う賃金の増加関数であり，独裁者の個人崇拝に対する選好と財の生産性の減少関数であることがわかった．

前者と後者の主な違いは，財の生産性が上昇した場合と，官僚が人民に支払う賃金が上昇した場合の二つである．前者の場合，財の生産性が上昇すると官僚は財生産労働を増加させるが，後者では官僚は自らが行う財の生産労働と人民が行う財生産労働を減らす．また官僚が人民に支払う賃金が増える

と，前者の場合官僚は人民の財生産労働を減らすが，後者では官僚は自らが行う財生産労働を増やす。

この違いの主な原因は，官僚が人民の監督労働を行う場合には，人民の財生産労働を増減させることはそのまま官僚の監督労働を増減させることであるのに対し，官僚が人民を雇用しつつ自らも財の生産労働を別途行う場合には，人民に支払う賃金が上がると官僚は自分がより多く働いて費用の増加を賄おうとするからである。後者の場合，人民に支払う賃金が増えると官僚は自分の財生産労働を増やすが，人民の財生産労働を増やすかどうかは不確定になっている。

後者では，官僚の留保所得や労働総量が増加したとき，官僚の財生産労働の変化の方向が不確定になっている。官僚の労働総量が増えると，独裁者にとっては財の生産や個人崇拝に使える労働の総量が増えたことになるが，費用の増加でもある。官僚の留保所得が増えると，独裁者にとっては費用の増加であるが，官僚が雇用する人民の労働量も増えるから，生産の増加に貢献するという効果もあるので，変化の方向が不確定になる。官僚が自らも生産をしつつ人民を雇用して財の生産を行う独裁体制では，独裁者にとって官僚の数を増やしたほうがよいとは必ずしもいえない。

二つの場合で，どちらがより適切に独裁体制の現実を表現しているかについては，様々な場合がありうるから，判定することは難しい。われわれにできることは，様々な模型を提示して史実を解釈する手掛かりを提供していくことであろう。

数 学 注

(1) 比較静学の計算を次のように行っている。

$$\frac{\partial^2 U}{\partial L \partial \eta_c} = U_{L\eta_c} = \frac{\gamma A(L)^{\gamma-1} - (1+a)w_P - \beta}{A(L)^\gamma - (1+a)w_P L - \beta L} > 0$$

$$\frac{\partial L^*}{\partial \eta_C} = -\frac{U_{L\eta}}{U_{LL}} > 0$$

$$\frac{\partial^2 U}{\partial L \partial \eta} = -\frac{1}{\bar{L}-L} < 0$$

$$\frac{\partial L^*}{\partial \eta} = -\frac{U_{L\eta}}{U_{LL}} < 0$$

$$\frac{\partial^2 U}{\partial L \partial A} = U_{LA} = \eta_C \frac{(1-\gamma)(L)^\gamma \{(1+a)w_P + \beta\}}{\{A(L)^\gamma - (1+a)w_P L - \beta L\}^2} > 0$$

$$\frac{\partial L^*}{\partial A} = -\frac{U_{LA}}{U_{LL}} > 0$$

　この場合，他の条件を一定にして財の生産性が上昇すると，独裁者は財生産労働を増やす。

$$\frac{\partial^2 U}{\partial L \partial \bar{L}} = U_{L\bar{L}} = \frac{\eta}{(\bar{L}-L)^2} > 0$$

$$\frac{\partial L^*}{\partial \bar{L}} = -\frac{U_{L\bar{L}}}{U_{LL}} > 0$$

$$\frac{\partial^2 U}{\partial L \partial w_P} = U_{Lw} = \eta_C \frac{(1+a)A(L)^\gamma(\gamma-1)}{\{A(L)^\gamma - (1+a)w_P L - \beta L\}^2} < 0$$

$$\frac{\partial L^*}{\partial w_P} = -\frac{U_{Lw}}{U_{LL}} < 0$$

$$\frac{\partial^2 U}{\partial L \partial \beta} = U_{L\beta} = \eta_C \frac{A(L)^\gamma(\gamma-1)}{\{A(L)^\gamma - (1+a)w_P L - \beta L\}^2} < 0$$

$$\frac{\partial L^*}{\partial \beta} = -\frac{U_{L\beta}}{U_{LL}} < 0$$

$$\frac{\partial^2 U}{\partial L \partial a} = U_{La} = \eta_C \frac{w_P \{A(L)^\gamma\}(\gamma-1)}{\{A(L)^\gamma - (1+a)w_P L - \beta L\}^2} < 0$$

$$\frac{\partial L^*}{\partial a} = -\frac{U_{La}}{U_{LL}} < 0$$

(2) 官僚が人民を雇用して財の生産を行う場合では，比較静学の計算を次のように行っている．本文で説明したように，均衡での官僚による財生産労働は(6-2-16)で決まる．(6-2-16)は，次のように表せる．

$$\frac{\partial U}{\partial L^B} = \frac{\eta_C}{C}\left(\frac{\partial C}{\partial L^B}\right) - \frac{\eta}{\overline{L} - L^B} = 0$$

効用最大化のための二階条件は，均衡では $\frac{\partial f}{\partial L^B} - \frac{\partial g}{\partial L^B} < 0$ だから，次のように満たされている．

$$\frac{\partial^2 U}{\partial L^B \partial L^B} = U_{LL} = \frac{\eta_C}{C^2}\left\{\left(\frac{\partial^2 C}{\partial L^B \partial L^B}\right)C - \left(\frac{\partial C}{\partial L^B}\right)^2\right\} - \frac{\eta}{(\overline{L} - L^B)^2} < 0$$

他の条件を一定にして財の生産性が変化したときの，均衡条件に与える影響は次のように表せる．

$$\frac{\partial^2 U}{\partial L^B \partial A} = U_{LA} = \frac{\eta_C}{C^2}\left\{\left(\frac{\partial^2 C}{\partial L^B \partial A}\right)C - \left(\frac{\partial C}{\partial L^B}\right)\left(\frac{\partial C}{\partial A}\right)\right\}$$

括弧内を計算すると次になる．

$$\left(\frac{\partial^2 C}{\partial L^B \partial A}\right)C - \frac{\partial C}{\partial L^B}\left(\frac{\partial C}{\partial A}\right)$$

$$= -(\beta)\left(\frac{\gamma \overline{\omega} \overline{L}}{w^P}\right)^\gamma (\overline{\omega}\overline{L})(L^B)^{\beta+\gamma}$$

$$\times \frac{(1-\gamma-\beta)(L^B)^2 + \{(1-\gamma-\beta)L^B + \beta\overline{L}\}^2 + \gamma\beta(\overline{L})^2}{\{(1-\gamma-\beta)L^B + \beta\overline{L}\}^{2+\gamma}(L^B)} < 0$$

第 6 章 独裁体制と官僚，人民

$$\frac{\partial L^{B*}}{\partial A} = -\frac{U_{LA}}{U_{LL}} < 0$$

同様に，他の条件を一定にして官僚が人民に支払う賃金が上昇した場合には次のようになる。

$$\frac{\partial^2 U}{\partial L^B \partial w^P} = U_{LwP} = \frac{\eta_C}{C^2}\left\{\frac{\partial^2 U}{\partial L^B \partial w^P}C - \left(\frac{\partial C}{\partial w^P}\right)\frac{\partial C}{\partial L^B}\right\}$$

これは計算すると次になる。

$$\frac{\partial^2 C}{\partial L^B \partial w^P}C - \left(\frac{\partial C}{\partial w^P}\right)\frac{\partial C}{\partial L^B}$$
$$= \frac{\beta A(\gamma\overline{\omega}\overline{L})^\gamma \gamma(w^P)^{-\gamma-1}\overline{\omega}\overline{L}\left[\gamma(1-\gamma-\beta)(L^B)^2 + \gamma\beta(\overline{L})^2 + \{(1-\gamma-\beta)L^B + \beta\overline{L}\}^2\right]}{\{(1-\gamma-\beta)L^B + \beta\overline{L}\}^{2+\gamma}(L^B)^{1-\beta-\gamma}}$$
$$> 0$$

$$\frac{\partial L^{B*}}{\partial w^P} = -\frac{U_{LwP}}{U_{LL}} > 0$$

第7章
独裁体制と労働努力

　本章では，独裁体制において，国民が財生産と個人崇拝それぞれに対し，労働努力を供出する場合について考察する。これまでの章では，国民ないしは官僚が，独裁者から提示される財生産における分配率と個人崇拝に対する実質賃金を見て，財生産と個人崇拝それぞれへの労働配分を，所得を最大にするように決定する模型を提示してきた。その際，国民や官僚の労働総量は一定であった。これは労働総量という生産要素の性格上，当然の仮定といえよう。

　労働と労働努力の主な違いは，前者では総量が一定と考えられるのに対し，後者では総量が変化しうると考えられる点である。努力水準の総量は，経済主体の主観的なやる気のようなものを示すとみなせるから，総量を可変とするほうが適切であろう。また経済主体が努力を支出する際には，精神的費用を計上すると考えることができるだろう。

　独裁体制においては，供給されてきた財の品質が劣悪であることが多かった。これは，財生産において国民の努力水準が不十分だったからと解釈できる。そこで本章では，独裁体制と労働努力の関係を示す模型を提示し，独裁体制における労働努力の決定要因について検討する。簡単化のため，本章では生産要素は労働努力のみとする。この章では独裁体制における顕著な史実のうち，主に④を反映する模型が提示される。

1 模　型

1　独裁者が国民に財生産量の一定割合を分配する場合

　われわれは独裁者と国民から成る経済を想定する。国民は n 人いるが，等質的なので1人と扱うことができる。財は主に農産物を想定し，財生産には労働努力 E^1 のみが必要と仮定する。生産関数を次のようにコブ・ダグラス型とする。

$$X = A(E^1)^\gamma, \ 0 < \gamma < 1, \ A > 0 \qquad (7\text{-}1\text{-}1)$$

　独裁者は，国民により生産された財のうち，α だけを自分のものとし，残りの $1-\alpha$ を国民のものとする（$0 \leq \alpha \leq 1$）。国民は，財生産のための労働努力と，独裁者への個人崇拝のための労働努力 E^2 を行う。独裁者は国民が行う個人崇拝のための労働努力に対し，実質賃金 w を支払う。国民の所得 Y は生産の分け前と賃金受け取りから成る。国民は自らが支出する労働努力に対し苦痛を感じるから，$B(E^1+E^2)^2$（$B>0$）だけの不効用を計上すると仮定する。国民の効用が所得から努力の不効用を差し引いたものから成るとみなすと，効用は次のようになる。

$$U^P = (1-\alpha)A(E^1)^\gamma + wE^2 - B(E^1+E^2)^2 \qquad (7\text{-}1\text{-}2)$$

　国民は効用を最大にするように，財生産と個人崇拝それぞれに対する努力水準を決定する。国民の効用最大化条件は次になる。

$$E^1 = \{\gamma(1-\alpha)A\}^{\frac{1}{1-\gamma}}(w)^{\frac{1}{\gamma-1}} \qquad (7\text{-}1\text{-}3)$$

$$E^2 = \frac{w}{2B} - \{\gamma(1-\alpha)A\}^{\frac{1}{1-\gamma}}(w)^{\frac{1}{\gamma-1}} \qquad (7\text{-}1\text{-}4)$$

　国民の留保効用を ω とする。独裁者が国民を独裁者との契約に参加させ

るためには，国民に留保効用以上の効用を保証せねばならない。

$$(1-\alpha)A(E^1)^\gamma + wE^2 - B(E^1+E^2)^2 \geq \omega \qquad (7\text{-}1\text{-}5)$$

独裁者には，留保効用を上回る効用を国民に与える誘因はないので，(7-1-5)は等号で成立する。

$$(1-\alpha)A(E^1)^\gamma + wE^2 - B(E^1+E^2)^2 = \omega \qquad (7\text{-}1\text{-}6)$$

独裁者の消費 C は，独裁者の所得 $\alpha A(E^1)^\gamma$ から個人崇拝に対する賃金支払いを引いた残りである。

$$C = \alpha A(E^1)^\gamma - wE^2 \qquad (7\text{-}1\text{-}7)$$

(7-1-7)に(7-1-6)を代入すると，次を得る。

$$C = A(E^1)^\gamma - B(E^1+E^2)^2 - \omega \qquad (7\text{-}1\text{-}8)$$

われわれのゲームの順序は次のようになっている。はじめに独裁者が，国民に財生産における分配率と個人崇拝努力に対する実質賃金を提示する。国民はこれを見て，効用を最大にするように財生産のための労働努力と個人崇拝のための労働努力を決定する。このゲームを後ろ向きに解くことにより，部分ゲーム完全均衡を導く。

独裁者の効用関数を次のような対数型とする。

$$U = \eta_C \ln C + \eta \ln E^2, \quad \eta_C > 0, \quad \eta > 0 \qquad (7\text{-}1\text{-}9)$$

(7-1-3)(7-1-4)(7-1-6)(7-1-8)を整理していくと，次を得る。

$$C = A\left(\omega - \frac{w^2}{4B}\right)^\gamma \left(\frac{\gamma}{1-\gamma}\right)^\gamma (w)^{-\gamma} - \frac{w^2}{4B} - \omega \qquad (7\text{-}1\text{-}10)$$

$$E^1 = \left(\omega - \frac{w^2}{4B}\right)\left(\frac{\gamma}{1-\gamma}\right)(w)^{-1} \qquad (7\text{-}1\text{-}11)$$

$$E^2 = \left(\frac{2-\gamma}{1-\gamma}\right)\frac{w}{4B} - \left(\frac{\gamma\omega}{1-\gamma}\right)(w)^{-1} \qquad (7\text{-}1\text{-}12)$$

(7-1-10)(7-1-12)を独裁者の効用関数(7-1-9)に代入し，次を得る。

$$U = \eta_c \ln\left\{ A\left(\omega - \frac{w^2}{4B}\right)^\gamma \left(\frac{\gamma}{1-\gamma}\right)^\gamma (w)^{-\gamma} - \frac{w^2}{4B} - \omega \right\}$$

$$+ \eta \ln\left\{ \frac{(2-\gamma)w - 4\gamma\omega B(w)^{-1}}{4B(1-\gamma)} \right\} \qquad (7\text{-}1\text{-}13)$$

独裁者は，効用を最大にするように個人崇拝に対する実質賃金を決定する。効用最大化のための一階条件は次になる。

$$\frac{\partial U}{\partial w}$$

$$= \eta_c \frac{A\left(\frac{\gamma}{1-\gamma}\right)^\gamma \gamma\left(\omega - \frac{w^2}{4B}\right)^{\gamma-1}\left(-\frac{w}{2B}\right)(w)^{-\gamma} - \gamma A\left(\omega - \frac{w^2}{4B}\right)^\gamma \left(\frac{\gamma}{1-\gamma}\right)^\gamma (w)^{-\gamma-1} - \frac{w}{2B}}{A\left(\frac{\gamma}{1-\gamma}\right)^\gamma \left(\omega - \frac{w^2}{4B}\right)^\gamma (w)^{-\gamma} - \frac{w^2}{4B} - \omega}$$

$$+ \eta \frac{2 - \gamma + 4\gamma\omega B(w)^{-2}}{(2-\gamma)w - 4\gamma\omega B(w)^{-1}} = 0 \qquad (7\text{-}1\text{-}14)$$

(7-1-14)の第一項は，個人崇拝に対する実質賃金を限界的に増加させたとき，独裁者が財消費から得られる限界効用の大きさを示している。第二項は，個人崇拝に対する実質賃金を限界的に増加させたとき，独裁者が個人崇拝から得られる限界効用の大きさを示している。効率的な労働努力配分のためには，均衡でこれらが等しくなっていなければならない。

解の存在を検討するため，次のようにおく。

$$f(w)$$
$$= \eta_C \frac{A\left(\frac{\gamma}{1-\gamma}\right)^{\gamma} \gamma \left(\omega - \frac{w^2}{4B}\right)^{\gamma-1}(w)^{-\gamma}\left(-\frac{w}{2B}\right) - \gamma A \left(\omega - \frac{w^2}{4B}\right)^{\gamma}\left(\frac{\gamma}{1-\gamma}\right)^{\gamma}(w)^{-\gamma-1} - \frac{w}{2B}}{A\left(\frac{\gamma}{1-\gamma}\right)^{\gamma}\left(\omega - \frac{w^2}{4B}\right)^{\gamma}(w)^{-\gamma} - \frac{w^2}{4B} - \omega}$$

(7-1-15)

$$g(w) = -\eta \frac{2 - \gamma + 4\gamma\omega B(w)^{-2}}{(2-\gamma)w - 4\gamma\omega B(w)^{-1}} \qquad (7\text{-}1\text{-}16)$$

$f(w) = \frac{\eta_C}{C}\left(\frac{\partial C}{\partial w}\right)$ であるから，$f(w)$ のグラフの形状を調べるために，独裁者消費 C と $\frac{\partial C}{\partial w}$ について検討しよう。

独裁者消費は正でなければならないから，個人崇拝に対する実質賃金には次の上限がある。

$$w < 2\sqrt{B\omega} \qquad (7\text{-}1\text{-}17)$$

$$\frac{\partial C}{\partial w} = \gamma A\left(\omega - \frac{w^2}{4B}\right)^{\gamma-1}\left(\frac{-w}{2B}\right)\left(\frac{\gamma}{1-\gamma}\right)^{\gamma}(w)^{-\gamma}$$
$$-\gamma A\left(\omega - \frac{w^2}{4B}\right)^{\gamma}\left(\frac{\gamma}{1-\gamma}\right)^{\gamma}(w)^{-\gamma-1} - \frac{w}{2B} \qquad (7\text{-}1\text{-}18)$$

(7-1-17)(7-1-18) より，$0 < w < 2\sqrt{B\omega}$ で $\frac{\partial C}{\partial w} < 0$ である。独裁者消費は(7-1-10)で表されている。独裁者消費は実質賃金がゼロのときに正の大きな値で，$w = 2\sqrt{B\omega}$ のとき負になっているから，$w = 2\sqrt{B\omega}$ より小さい実質賃金でゼロになっている。この実質賃金を w^M としよう。$w = w^M$ で $\frac{\partial C}{\partial w} < 0$ であるから，$f(w)$ は実質賃金が $w = w^M$ に近づくと負の無限大に近づく。これより大きな実質賃金では，独裁者消費が負になるから，$f(w)$ は正になり，

$w = w^M$ に非常に近い値で正の無限大に近づく。$w = w^M$ は$f(w)$の漸近線である。$w = 2\sqrt{B\omega}$ まで $\dfrac{\partial C}{\partial w}$ は負だから，$w^M < w < 2\sqrt{B\omega}$ で$f(w)$は正になっている。$0 < w < w^M$ で$f(w)$は負になっている。この範囲で$f(w)$が極値をもっていることがありうる。

$g(w) = \dfrac{\eta}{E^2}\left(\dfrac{\partial E^2}{\partial w}\right)$ である。独裁者の効用関数の形状より独裁者崇拝のための労働努力 E^2 も正値をとらねばならない。(7-1-12)よりこれを計算すると，次の条件を得る。

$$w > \sqrt{\dfrac{4\gamma\omega B}{2-\gamma}} \qquad (7\text{-}1\text{-}19)$$

$w = \sqrt{\dfrac{4\gamma\omega B}{2-\gamma}}$ は，$g(w) = \dfrac{\eta}{E^2}\left(\dfrac{\partial E^2}{\partial w}\right)$ の漸近線である。これは$w = 2\sqrt{B\omega}$ より小さい。$g(w)$は実質賃金がゼロのときに正の無限大になる。$0 < w < \sqrt{\dfrac{4\gamma\omega B}{2-\gamma}}$ で正の値になっている。$w > \sqrt{\dfrac{4\gamma\omega B}{2-\gamma}}$ で負の値をとる。均衡の実質賃金 w^* は次の範囲になければならない。

$$\sqrt{\dfrac{4\gamma\omega B}{2-\gamma}} < w^* < 2\sqrt{B\omega} \qquad (7\text{-}1\text{-}20)$$

$f(w)$の漸近線 $w = w^M$ が，$w = \sqrt{\dfrac{4\gamma\omega B}{2-\gamma}}$ より大きければ，われわれは$f(w)$と$g(w)$のグラフを図7-1のように描くことができ，交点が存在することがわかる。交点の横座標は，(7-1-20)の範囲にある。この図では，$f(w)$が極値をもっていないとしている。

この交点で，独裁者の効用を最大化するための二階条件が成立していると仮定しよう[1]。これを仮定して以下，主な外生変数により(7-1-14)で比較静学を行う。結果は表7-1のようになる[2]。

---

1) 数学注(1)参照。
2) 数学注(2)参照。

図 7-1

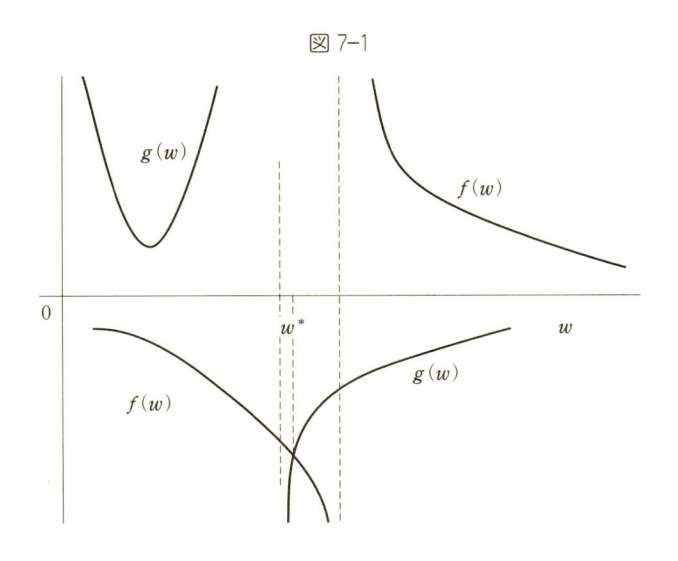

表 7-1

	η_C	η	A	ω	B
w^*	−	+	+	±	±

　この結果は，次のように解釈できる。他の条件を一定にして財の生産性が上昇したとしよう。計算すると，実質賃金が上昇したときに独裁者が財の消費から得る限界効用が上昇することがわかる。実質賃金が上昇したときに個人崇拝から独裁者が得る限界効用は変化しない。(7-1-14)の両辺を等しくするためには，実質賃金を高くして独裁者が財の消費から得る限界効用を小さくするしかない。他の外生変数についても，同様に解釈できる。

　財生産のための労働努力は(7-1-11)，個人崇拝のための労働努力は(7-1-12)により決まる。これらについて，主な外生変数による比較静学の結果は表 7-2，表 7-3 になる。

表 7-2

	η_C	η	A	ω	B
E^{1*}	+	−	−	±	±

表 7-3

	η_C	η	A	ω	B
E^{2*}	−	+	+	±	±

比較静学の結果よりわれわれは,命題 7-1,命題 7-2 を得る。

―― 命題 7-1 ――
独裁者が国民に,財生産のための労働努力と個人崇拝のための労働努力をさせ,財生産量の一定割合を分配している独裁体制を考える。このとき財生産のための労働努力は,独裁者の消費に対する選好の増加関数,個人崇拝に対する選好と財の生産性の減少関数である。

―― 命題 7-2 ――
独裁者が国民に,財生産のための労働努力と個人崇拝のための労働努力をさせ,財生産量の一定割合を分配している独裁体制を考える。このとき個人崇拝のための労働努力は,独裁者の消費に対する選好の減少関数,個人崇拝に対する選好と財の生産性の増加関数である。

次にわれわれは,独裁者が財生産のための労働努力と個人崇拝のための労働努力それぞれに対し,同じ実質賃金を国民に支払う場合について検討しよう。

2 独裁者が，国民が行うそれぞれの労働努力に対し同じ賃金を支払う場合

　国民が行う財生産のための労働努力と個人崇拝のための労働努力それぞれに対し，独裁者は実質賃金 w を支払うとしよう。この場合独裁者は，国民に財生産の一定割合を配分することはしない。生産関数は 1 と同じとする。この場合，国民の効用 U^p は次になる。B は 1 と同様で，労働努力のための精神的苦痛評価分である。

$$U^p = w(E^1 + E^2) - B(E^1 + E^2)^2 \qquad (7\text{-}2\text{-}1)$$

　この場合，国民にとっては財生産のための労働努力と個人崇拝のための労働努力に違いがないので，国民は効用を最大にするように努力総量 $E = E^1 + E^2$ を決定する。国民の誘因制約は次になる。

$$w = 2B(E^1 + E^2) \qquad (7\text{-}2\text{-}2)$$

　独裁者が国民の自分との契約に参加させるためには，国民が契約に参加しないでも得られる留保効用以上の効用を国民に保証せねばならない。

$$w(E^1 + E^2) - B(E^1 + E^2)^2 \geq \omega \qquad (7\text{-}2\text{-}3)$$

　独裁者には，留保効用を上回るものを国民に与える誘因はないので，(7-2-3)は等号で成立する。

$$w(E^1 + E^2) - B(E^1 + E^2)^2 = \omega \qquad (7\text{-}2\text{-}4)$$

(7-2-2)を(7-2-4)に代入すると，次を得る。

$$w = 2\sqrt{B\omega} \qquad (7\text{-}2\text{-}5)$$

$$E^1 + E^2 = E = \sqrt{\frac{\omega}{B}} \qquad (7\text{-}2\text{-}6)$$

　この模型での，ゲームの順序は次のようになる。はじめに独裁者が，国民に労働努力に対する実質賃金を提示する。国民はこれを見て，効用を最大にするべく労働努力総量を決定する。独裁者は国民が決定した労働努力総量を，財生産と個人崇拝それぞれにどれだけ配分するか指示を下す。このゲームを後ろ向きに解くことにより，部分ゲーム完全均衡を導く。

　独裁者の効用関数をこれまでと同様に対数型とする。

$$U = \eta_c \ln C + \eta \ln(E^2) \qquad (7\text{-}2\text{-}7)$$

独裁者の消費は次になる。

$$C = A(E^1)^\gamma - w(E^1 + E^2) \qquad (7\text{-}2\text{-}8)$$

　実質賃金は一定になることがすでにわかっている。後は，財生産のための労働努力と，個人崇拝のための労働努力それぞれの大きさを，独裁者は効用を最大にするように国民に指示すればよい。その際，$w = 2\sqrt{B\omega}$ と，$E^1 + E^2 = E = \sqrt{\frac{\omega}{B}}$ という制約を考慮すると，賃金支払い総計は次になる。

$$wE = 2\omega \qquad (7\text{-}2\text{-}9)$$

独裁者の効用関数は次になる。

$$U = \eta_c \ln\{A(E^1)^\gamma - 2\omega\} + \eta \ln\{(\omega)^{\frac{1}{2}}(B)^{\frac{-1}{2}} - E^1\} \qquad (7\text{-}2\text{-}10)$$

独裁者の効用を最大にするための一階条件は次になる。

$$\frac{\eta_c \gamma A(E^1)^{\gamma-1}}{A(E^1)^\gamma - 2\omega} = \frac{\eta}{(\omega)^{\frac{1}{2}}(B)^{\frac{-1}{2}} - E^1} \qquad (7\text{-}2\text{-}11)$$

　この式は第2章の，労働配分を決定する模型と基本的に同じ形になってい

る。(7-2-11)の左辺は財生産に労働努力を1単位配分したときに，独裁者が消費から得る限界効用である。右辺は個人崇拝に労働努力を1単位配分したときに，独裁者が個人崇拝から得る限界効用である。効率的な労働努力の配分のためには，均衡においてこれらが等しくなっていなければならない。この式では，第2章の労働配分を決定する模型と同様に，労働努力の総量が一定となっており，さらに実質賃金払いの総量が一定になっている。第2章の模型でも留保所得を財の生産量から差し引いたものが独裁者消費となっていた。

均衡の財生産労働努力が存在することは，第2章と同様のグラフを図7-2のように描くことができるから，明らかである。図7-2では，(7-2-11)

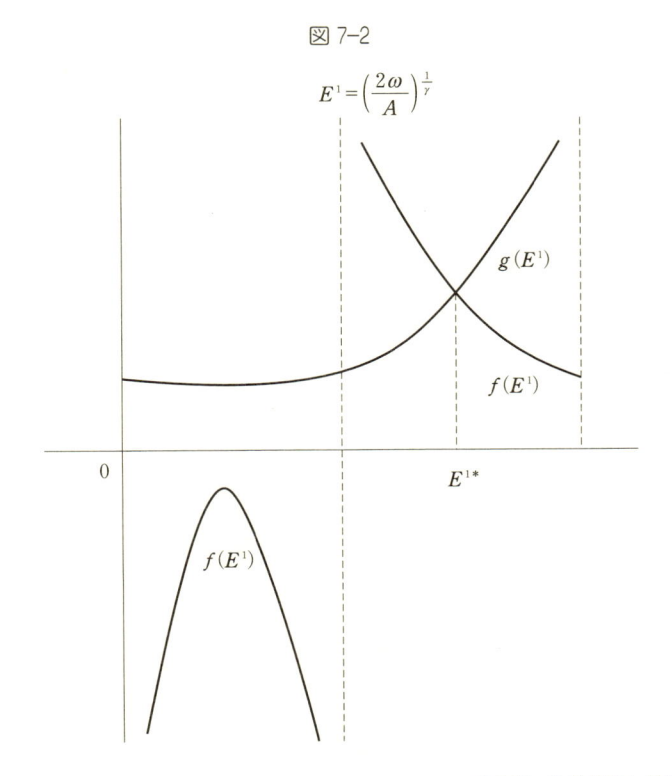

図7-2

$$E^1 = \left(\frac{2\omega}{A}\right)^{\frac{1}{\gamma}}$$

$g(E^1)$

$f(E^1)$

0 E^{1*}

$f(E^1)$

の左辺を$f(E^1)$,右辺を$g(E^1)$としている。

(7-2-11)で,主な外生変数により比較静学を行うと,結果は次になる[3]。

表 7-4

	η_C	η	A	ω	B
E^{1*}	+	−	−	+	−

比較静学の結果については次のように解釈できる。他の条件を一定にして労働努力の精神的苦痛が上昇したとしよう。これにより国民が支出する労働努力総量が減少する。(7-2-11)より,独裁者が個人崇拝から得る限界効用が増加することがわかる。(7-2-11)の両辺を等しくするためには,個人崇拝のための労働努力を増やすこと,すなわち財生産のための労働努力を減らさねばならない。他の外生変数についても,同様に解釈できる。われわれは命題 7-3 を得る。

命題 7-3

独裁者が,国民に財生産のための労働努力と個人崇拝のための労働努力を行わせ,同じ実質賃金を支払う独裁体制を考える。財生産のための労働努力は,独裁者の個人崇拝に対する選好,国民の留保所得の増加関数である。また財生産のための労働努力は,独裁者の個人崇拝に対する選好,財の生産性,努力のための精神的苦痛の減少関数である。

努力のための精神的費用が増加すると,国民が支出する労働努力総量が減少してしまう。これは第2章のように労働配分を決定する場合における,労働総量の減少と同じ効果をもつのである。またこの模型では,留保所得の増加により国民が支出する労働努力総量が増加することも興味深い。これは第

---
3) 比較静学の結果導出については,数学注(3)参照。

2章の労働配分模型にはなかった特徴である。

2　本章のまとめ

本章では，独裁体制における労働努力の配分の決定要因について，二つの模型を提示して検討した。努力水準の総量は，経済主体の主観的なやる気のようなものを示すとみなせるから，総量を可変とすることができる。また経済主体が努力を支出する際には，精神的苦痛分を考慮するであろう。これらを仮定し，われわれは 1 独裁者が国民に財生産量の一定割合を分配する場合，2 独裁者が，国民が行うそれぞれの労働努力に対し同じ賃金を支払う場合の二つで，労働努力の決定要因を分析した。

独裁者が国民に，財生産のための労働努力と個人崇拝のための労働努力をさせ，財生産量の一定割合を分配している独裁体制を考える。このとき財生産のための労働努力は，独裁者の消費に対する選好の増加関数，個人崇拝に対する選好と財の生産性の減少関数であることがわかった。独裁者が国民に，財生産のための労働努力と個人崇拝のための労働努力それぞれに対し同じ実質賃金を支払う独裁体制では，財生産のための労働努力は，独裁者の個人崇拝に対する選好，国民の留保所得の増加関数であることがわかった。またその体制では，財生産のための労働努力は，独裁者の個人崇拝に対する選好，財の生産性，努力のための精神的苦痛の減少関数であることがわかった。

数　学　注

(1)　独裁者の効用を最大化するための二階条件は次になる。

$$\frac{\partial^2 U}{\partial w^2} = \frac{\eta_C}{C^2}\left\{\left(\frac{\partial^2 C}{\partial w^2}\right)C - \left(\frac{\partial C}{\partial w}\right)^2\right\} + \frac{\eta}{(E^2)^2}\left(\frac{\partial^2 E^2}{\partial w^2}\right) - \frac{\eta}{(E^2)^2}\left(\frac{\partial E^2}{\partial w}\right)^2 < 0$$

$$\frac{\partial^2 C}{\partial w^2} = \gamma A \left(\frac{\gamma}{1-\gamma}\right)^\gamma \left\{\omega(w)^{-1} - \frac{w}{4B}\right\}^{\gamma-2} \left[(\gamma-1)\left\{\omega(w)^{-2} + \frac{1}{4B}\right\}^2\right.$$
$$\left. + 2\left\{\omega(w)^{-1} - \frac{w}{4B}\right\}\omega(w)^{-3}\right] - \frac{1}{2B}$$

$$\frac{\partial^2 E^2}{\partial w^2} = \frac{-2 \times 4\gamma\omega B(w)^{-3}}{4B(1-\gamma)} = \frac{-2\gamma\omega B(w)^{-3}}{1-\gamma} < 0$$

$\dfrac{\partial^2 C}{\partial w^2}$ の符号は正負の双方がありうるが，これが正であっても，二階条件は満たされうる。

(2) 他の条件を一定にして財の生産性が上昇した場合については，次のように計算できる。

$$\frac{\partial f}{\partial A} = U_{wA} = \frac{\eta_C}{C^2}\left\{\left(\frac{\partial^2 C}{\partial w \partial A}\right) C - \left(\frac{\partial C}{\partial w}\right)\left(\frac{\partial C}{\partial A}\right)\right\}$$

計算すると，これは正になる。括弧内のみを書く。

$$\left(\frac{\partial^2 C}{\partial w \partial A}\right) C - \left(\frac{\partial C}{\partial w}\right)\left(\frac{\partial C}{\partial A}\right)$$
$$= \left\{\left(\omega - \frac{w^2}{4B}\right)^{\gamma-1} \frac{w^{1-\gamma}}{2B} + \left(\omega - \frac{w^2}{4B}\right)^\gamma (w)^{-\gamma-1}\right\} \gamma\left(\frac{\gamma}{1-\gamma}\right)^\gamma \left(\omega - \frac{w^2}{4B}\right)$$
$$+ \frac{w^{1-\gamma}}{2B}\left(\omega - \frac{w^2}{4B}\right)^\gamma \left(\frac{\gamma}{1-\gamma}\right)^\gamma > 0$$

他の外生変数についても，同様に計算できる。

(3) (7-2-11)により，次のように計算している．

$$\frac{\partial^2 U}{\partial E^1 \partial A} = U_{EA} = \frac{-2\eta_C (E^1)^{\gamma-1}\omega}{\{A(E^1)^\gamma - 2\omega\}^2} < 0$$

$$\frac{\partial E^{1*}}{\partial A} = -\frac{U_{EA}}{U_{EE}} < 0$$

$$\frac{\partial^2 U}{\partial E^1 \partial \omega} = U_{E\omega} = \frac{2\eta_C \gamma A(E^1)^{\gamma-1}}{\{A(E^1)^\gamma - 2\omega\}^2} + \frac{\frac{\eta}{2}(\omega)^{\frac{-1}{2}}(B)^{\frac{-1}{2}}}{\left\{(\omega)^{\frac{1}{2}}(B)^{\frac{-1}{2}} - E^1\right\}^2} > 0$$

$$\frac{\partial E^{1*}}{\partial \omega} = -\frac{U_{E\omega}}{U_{EE}} > 0$$

$$\frac{\partial^2 U}{\partial E^1 \partial B} = U_{EB} = -\left(\frac{1}{2}\right) \frac{\eta(\omega)^{\frac{1}{2}}(B)^{\frac{-3}{2}}}{\left\{(\omega)^{\frac{1}{2}}(B)^{\frac{-1}{2}} - E^1\right\}^2} < 0$$

$$\frac{\partial E^{1*}}{\partial B} = -\frac{U_{EB}}{U_{EE}} < 0$$

第8章

独裁者と反乱者，天然資源

　本章では，独裁者が徴収している天然資源の使用料を，反乱者 (Rebel) が武装して収奪することを策している経済を想定する。独裁者は自らの領土内にある鉱山や油田などで産出される天然資源の採掘許可を外国企業に与え，使用料 D を得ている。反乱者は独裁者の支配が及ばない地域で原始的な生産をしつつ，独裁者の支配領域に攻撃を加えることにより天然資源の使用料を得ようとしている。独裁者は反乱者の攻撃から天然資源使用料を守るために，支配下にある国民に財の生産だけでなく防衛のための労働をさせるとしよう。このような経済において，独裁者と国民，反乱者の関係を，資源配分上の利害という点から解釈するための視座を与えることが本章の課題である。この章では独裁体制における顕著な史実のうち，主に①③⑤を反映する模型が提示される。

1　模　型

1　反乱者の行動

　1人の独裁者と，n 人の国民，m 人の反乱者がいる経済を考える。国民と反乱者はそれぞれ，等質的なので，それぞれ1人として扱っても一般性を

失わない。反乱者は山奥のような隔離された地域，非公式部門で生活している。反乱者の労働総量を l とする。反乱者はそれを財生産のための労働と，天然資源使用料を得るための収奪労働 L^R に配分する。反乱者の生産は，次のような単純な線形の生産関数により行われるとしよう。反乱者の生産量を X^R とする。

$$X^R = A^R(l - L^R), \ A^R > 0 \tag{8-1}$$

A^R は，反乱者の生産技術水準を表している。反乱者の所得は，財の生産と天然資源使用料の収奪分から成る。天然資源の使用料を D とし，反乱者はそのうち p ($0 \leq p \leq 1$) だけ収奪できる。反乱者が収奪できる天然資源使用料金の割合 p は，国民による天然資源の防衛労働を L^D とすると，次の式により決定される。

$$p = \frac{L^R}{L^R + \theta L^D}, \ \theta > 0 \tag{8-2}$$

θ は，国民による防衛労働の相対的な効率性を表している。$\theta = 1$ なら，防衛労働は反乱者による収奪労働と同じ程度に効率的である。(8-1)(8-2)を用いると，反乱者の所得 Y^R は次のようになる。

$$Y^R = A^R(l - L^R) + \frac{L^R}{L^R + \theta L^D} D \tag{8-3}$$

反乱者は，自らの所得を最大にするように労働配分を決定する。反乱者の所得を最大にするためには，次の条件が満たされていなければならない。

$$-A^R + \frac{D \theta L^D}{(L^R + \theta L^D)^2} < 0, \ L^R = 0 \tag{8-4}$$

$$-A^R + \frac{D \theta L^D}{(L^R + \theta L^D)^2} = 0 \tag{8-5}$$

$$-A^R + \frac{D\theta L^D}{(L^R + \theta L^D)^2} > 0, \quad L^R = l \qquad (8\text{-}6)$$

　不等式(8-4)が成立している場合，反乱者は労働を収奪活動に配分せず，すべての労働を財生産に配分する。(8-4)において$L^D = 0$なら，反乱者は収奪活動をゼロとすることになるが，これは独裁者が天然資源使用料をはじめからあきらめ，反乱者に渡している場合である。不等式(8-6)が成立している場合，反乱者はすべての労働を収奪に配分する。(8-5)が成立している場合，反乱者は労働を財生産と収奪の双方に配分する。(8-5)が成立している場合，この式より次を導ける。

$$L^R = (A^R)^{-\frac{1}{2}}(\theta D)^{\frac{1}{2}}(L^D)^{\frac{1}{2}} - \theta L^D \qquad (8\text{-}7)$$

　(8-7)式は，国民の防衛労働に対する反乱者の反応関数になっている。これが正の値をとるなら，反乱者は労働の一部を収奪に配分する。われわれは補助命題8-1を得る。

補助命題8-1

独裁者が選択する防衛労働の水準をL^{D*}とする。次の式が成立しているとき，反乱者は労働の一部を収奪に配分する。

$$L^{D*} < \frac{D}{\theta A^R} \qquad (8\text{-}8)$$

　反乱者が労働の一部でも収奪に配分するために必要な独裁者の側の防衛労働の水準が，国民の労働総量$\overline{L}$を超えているとき，反乱者は常に労働を収奪に配分する。これは独裁者と国民には，反乱者による天然資源収奪を全廃するための手段がないことを意味している。われわれは補助命題8-2を得る。

―― 補助命題 8-2 ――――――――――――――――――――
次の式が成立しているとき，反乱者は常に労働を収奪に配分する。
$$\frac{D}{\theta A^R} > \overline{L} \qquad (8\text{-}9)$$

(8-7)を整理すると補助命題 8-3 を得る。

―― 補助命題 8-3 ――――――――――――――――――――
独裁者が選択する防衛労働の水準を L^{D*} とする。次の式が成立しているとき，反乱者はすべての労働を財生産に配分する。
$$L^{D*} \geq \frac{D}{\theta A^R} \qquad (8\text{-}10)$$

反乱者と独裁者側それぞれの労働配分によって，以下の九つの組み合わせを考えることができる。

（その1） 生産と収奪 – 生産と防衛
　　反乱者は労働を財生産と収奪に配分し，独裁者は国民の労働を財生産と防衛に配分する。
（その2） 収奪 – 生産と防衛
　　反乱者はすべての労働を収奪に配分し，独裁者は国民の労働を財生産と防衛に配分する。
（その3） 収奪 – 生産
　　反乱者はすべての労働を収奪に配分し，独裁者はすべての労働を財生産に配分する。

(その4)　生産－生産と防衛
　　反乱者はすべての労働を財生産に配分し，独裁者は国民の労働を財生産と防衛に配分する。
(その5)　生産－生産
　　反乱者はすべての労働を財生産に配分し，独裁者もすべての労働を財生産に配分する。
(その6)　生産－防衛
　　反乱者はすべての労働を財生産に配分し，独裁者はすべての労働を防衛に配分する。
(その7)　生産と収奪－防衛
　　反乱者は労働を財生産と収奪に配分し，独裁者はすべての労働を防衛に配分する。
(その8)　収奪－防衛
　　反乱者はすべての労働を収奪に配分し，独裁者はすべての労働を防衛に配分する。
(その9)　生産と収奪－生産
　　反乱者は労働を財生産と収奪に配分し，独裁者はすべての労働を財生産に配分する。

　(その1)から(その4)については以下で分析する。(その6)(その7)(その8)については，以下の分析で独裁者が防衛労働をある水準にすれば，反乱者は天然資源使用料の収奪をしないことが明らかになる。独裁者にはその水準より多く防衛に労働を配分する誘因はないので，(その6)(その7)(その8)の均衡は存在しない。反乱者が労働を財生産と収奪に配分している場合には，以下の分析により独裁者も労働を財生産と防衛に配分することが以下の分析により明らかになるので，(その9)の均衡は存在しない。(その5)の均衡は，独裁者がはじめから天然資源使用料を放棄し，反乱者に明け渡す

場合である。この均衡における独裁者消費は、(その3)における独裁者消費より少ないので、独裁者はこの均衡を選択することはない[1]。そこでわれわれは、以下の四つの場合について考察を進める。

(その1) 反乱者が労働を収奪と財生産に配分し、独裁者が国民の総労働を財生産と天然資源防衛それぞれに配分する均衡
(その2) 反乱者がすべての労働を収奪に配分し、独裁者が国民の総労働を財生産と天然資源防衛それぞれに配分する均衡
(その3) 反乱者がすべての労働を収奪に配分し、独裁者がすべての労働を財生産に配分する均衡
(その4) 反乱者がすべての労働を財生産に配分し、独裁者が国民の労働を財生産と天然資源防衛に配分する均衡

はじめに(その1)について考察しよう。

2　独裁者と国民の行動

(その1)　反乱者が労働を収奪と財生産に配分し、独裁者が国民の総労働を財生産と天然資源防衛それぞれに配分する均衡

(8-7)を(8-3)に代入すると、反乱者の所得は次のようになる。

$$Y^R = A^R l + D - 2(A^R)^{\frac{1}{2}}(\theta D)^{\frac{1}{2}}(L^D)^{\frac{1}{2}} + A^R \theta L^D \tag{8-11}$$

われわれのゲームの順序は次のようになる。はじめに独裁者が、国民に財生産における分配率と防衛労働に対する実質賃金を提示する。これを見て国

---

[1] 数学注(1)参照。

民は，所得を最大にするように労働配分を決定する。次に独裁者は，反乱者に国民の防衛労働の水準を提示する。これを見て反乱者は，所得を最大にするように労働配分を決定する。このゲームを後ろ向きに解くことにより，われわれは部分ゲーム完全均衡を導く。

経済の公式部門は独裁者が統治している。国民は農産物のような財を労働 L により生産する。X を財の生産量とし，生産関数は次のようなコブ・ダグラス型とする。

$$X = A(L)^\gamma, \ A>0, \ 0<\gamma<1 \qquad (8\text{-}12)$$

国民の労働総量を $\bar{L}$ とする。国民による天然資源防衛のための労働を L^D とすると，$L = \bar{L} - L^D$ となる。独裁者は生産された財のうち，α を自分の所有とし，残りの $1-\alpha$ を国民が保有することを認める（$0 \leq \alpha \leq 1$）。独裁者は国民が行う防衛労働1単位に対し実質賃金 w を支払う。国民の所得 Y は次のようになる。

$$Y = (1-\alpha)A(\bar{L}-L^D)^\gamma + wL^D \qquad (8\text{-}13)$$

国民は所得を最大にするように労働を配分する。国民の所得最大化のための一階条件は次になる。

$$L^D = \bar{L} - \left\{\frac{\gamma(1-\alpha)A}{w}\right\}^{\frac{1}{1-\gamma}} \qquad (8\text{-}14)$$

国民の留保所得は，反乱者の所得 Y^R により与えられるとする。国民の参加制約は次のようになる。

$$(1-\alpha)A(\bar{L}-L^D)^\gamma + wL^D \geq A^R l + D - 2(A^R)^{\frac{1}{2}}(\theta D)^{\frac{1}{2}}(L^D)^{\frac{1}{2}} + A^R \theta L^D \qquad (8\text{-}15)$$

独裁者には，国民に留保所得を上回る所得を与える誘因はないので，(8-

15)は等号になる。

$$(1-\alpha)A(\overline{L}-L^D)^\gamma + wL^D = A^R l + D - 2(A^R)^{\frac{1}{2}}(\theta D)^{\frac{1}{2}}(L^D)^{\frac{1}{2}} + A^R \theta L^D \tag{8-16}$$

独裁者の消費を C とする。独裁者の所得は，財生産における取り分と天然資源の使用料から成る。独裁者は国民に賃金支払いをした残りを消費に回す。

$$C = \alpha A(\overline{L}-L^D)^\gamma + (1-p)D - wL^D \tag{8-17}$$

(8-17)に(8-2)(8-7)(8-16)を代入すると，次を得る。

$$C = A(\overline{L}-L^D)^\gamma - A^R l - D + 3(A^R)^{\frac{1}{2}}(\theta D)^{\frac{1}{2}}(L^D)^{\frac{1}{2}} - A^R \theta L^D \tag{8-18}$$

独裁者は消費より効用を得る。独裁者の効用関数を対数型とする。

$$U = \ln C \tag{8-19}$$

(8-18)を(8-19)に代入し，次を得る。

$$U = \ln\{A(\overline{L}-L^D)^\gamma - A^R l - D + 3(A^R)^{\frac{1}{2}}(\theta D)^{\frac{1}{2}}(L^D)^{\frac{1}{2}} - A^R \theta L^D\} \tag{8-20}$$

独裁者は効用を最大にするように防衛労働に対する実質賃金を決定する。効用最大化のための一階条件より，次を得る[2]。

$$-\gamma A(\overline{L}-L^D)^{\gamma-1} - A^R \theta + \frac{3}{2}(A^R \theta D)^{\frac{1}{2}}(L^D)^{\frac{-1}{2}} = 0 \tag{8-21}$$

(8-21)は次のように解釈できる。防衛のための労働が1単位増えると，財

---
2) 効用最大化のための一階条件については，数学注(2)参照。

の生産は減少し,賃金支払いは増えるが,天然資源の使用料収入が増える。生産の減少と賃金支払いの増加は限界費用であり,天然資源使用料の増加は限界収入である。効率的な労働配分のためには,これらが等しくなっていなければならない。

比較静学をする前に,解の存在を確認しよう。(8-21)を用いて,関数 F を次のように定義する。

$$F(L^D) = -\gamma A(\overline{L} - L^D)^{\gamma-1} - A^R\theta + \frac{3}{2}(A^R\theta D)^{\frac{1}{2}}(L^D)^{\frac{-1}{2}} \quad (8\text{-}22)$$

$$\frac{\partial F}{\partial L^D} = \gamma(\gamma-1)A(\overline{L} - L^D)^{\gamma-2} - \frac{3}{4}(A^R\theta D)^{\frac{1}{2}}(L^D)^{\frac{-1}{2}} < 0 \quad (8\text{-}23)$$

$$F(0) = \infty, \ F(\overline{L}) = -\infty \quad (8\text{-}24)$$

(8-23)(8-24)を用いて,われわれは関数 F のグラフを図 8-1 のように描

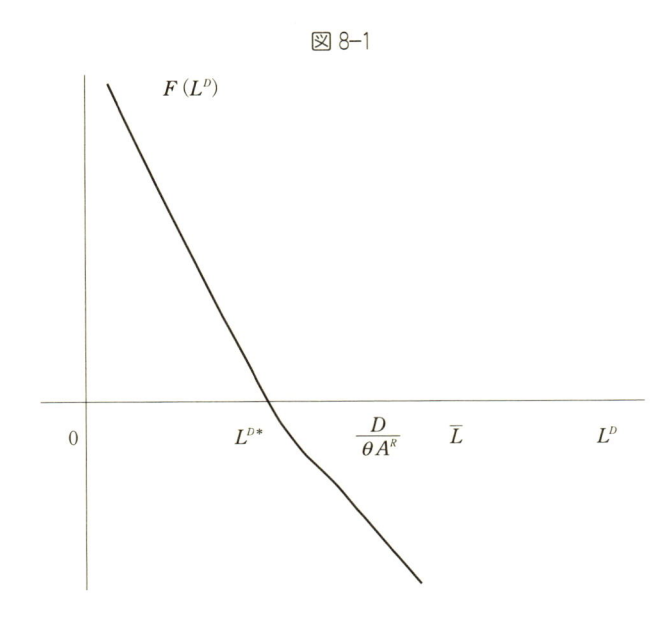

図 8-1

くことができる。L^{D*}は(8-21)を満足する均衡の防衛労働である。

(8-21)を満足する防衛労働L^{D*}が$\frac{D}{\theta A^R}$より大きいなら，反乱者はすべての労働を財生産に配分する。なぜなら，(8-21)を満足する防衛労働が供給されたとき，反乱者にとっては収奪をするよりもすべての労働を財生産に配分したほうが，より大きな所得を得られるからである。(8-22)に$L^D = (\theta A^R)^{-1}D$を代入して得られる値が負であるなら，$L^{D*} < (\theta A^R)^{-1}D$となっている。このための条件は，計算すると次になる。

$$\bar{L} > \frac{D}{\theta A^R} + \left(\frac{2\gamma A}{\theta A^R}\right)^{\frac{1}{1-\gamma}} \tag{8-25}$$

われわれは補助命題8-4を得る。

補助命題 8-4

反乱者が労働の一部を収奪に配分し，残りの労働を財生産に配分する均衡が存在するためには，次が成立していなければならない。

$$\bar{L} > \frac{D}{\theta A^R} + \left(\frac{2\gamma A}{\theta A^R}\right)^{\frac{1}{1-\gamma}}$$

図8-1より，反乱者が労働を財生産と収奪に配分している場合には，ゼロより大きく労働総量より小さい範囲で最適な防衛労働が存在しているので，独裁者はその防衛労働を選択する。したがって，反乱者が労働を財生産と収奪に配分している場合に，独裁者が財生産のみに労働を配分する均衡は存在しない。

次にわれわれは，均衡の近傍で比較静学を行う。結果は表8-1になる。

表 8-1

	D	$\bar{L}$	A	A^R	θ
L^{D*}	+	+	−	±	±

オルッソンとコングドンフォーズ (Olsson and Congdon Fors 2004, p.332) によれば，闘争強度 (conflict intensity) は天然資源をめぐる闘争に投入された労働の総量で測られる。われわれの模型では，これは次になる。

$$L^R + L^{D*} = (A^R)^{\frac{-1}{2}} (\theta D)^{\frac{1}{2}} (L^{D*})^{\frac{1}{2}} + (1-\theta) L^{D*} \qquad (8\text{-}26)$$

$\theta \leq 1$ ならば，表 8-1 より，闘争強度は公式部門における財の生産性の減少関数，公式部門の労働総量および天然資源使用料の増加関数である。これらの結果より，われわれは命題 8-1 と命題 8-2 を得る。

― 命題 8-1 ―
反乱者が天然資源使用料を収奪するべく，労働の一部を収奪に配分している独裁体制を考える。独裁者が誘導する防衛労働は，公式部門の財生産性の減少関数，天然資源使用料と公式部門における労働総量の増加関数である。

― 命題 8-2 ―
反乱者が天然資源使用料を収奪するべく，労働の一部を収奪に配分している独裁体制を考える。$\theta \leq 1$ ならば，闘争強度は公式部門における財の生産性の減少関数，公式部門の労働総量および天然資源使用料の増加関数である。

われわれの模型では，社会的厚生 W を公式部門の生産量と反乱者の生産

量，そして天然資源使用料の和として定義することができる。

$$W = X + X^R + D \tag{8-27}$$

(8-7)により反乱者の収奪労働は決定される。この均衡は，反乱者が財の生産と収奪，独裁者側は財の生産と防衛それぞれに労働を配分した場合だから，社会的厚生 W^1 は次のようになる。

$$W^1 = A^R \{l + \theta L^{D*} - (A^R)^{\frac{-1}{2}}(\theta D)^{\frac{1}{2}}(L^{D*})^{\frac{1}{2}}\} + A(\overline{L} - L^{D*})^{\gamma} + D \tag{8-28}$$

社会的厚生 W^1 と，主な外生変数の関係は表 8-2 のようになる。

表 8-2

	D	$\overline{L}$	A	A^R	θ
W^1	±	±	±	±	±

この均衡で，財生産における分配率と天然資源防衛のための実質賃金は (8-14)(8-16)より，次のようになる。

$$\alpha = 1 - \frac{A^R l + D - 2(A^R \theta D)^{\frac{1}{2}}(L^{D*})^{\frac{1}{2}} + A^R \theta L^{D*}}{A(\overline{L} - L^{D*})^{\gamma-1}\{\overline{L} - (1-\gamma)L^{D*}\}} \tag{8-29}$$

$$w = \frac{\gamma \{A^R l + D - 2(A^R \theta D)^{\frac{1}{2}}(L^{D*})^{\frac{1}{2}} + A^R \theta L^{D*}\}}{\overline{L} - (1-\gamma)L^{D*}} \tag{8-30}$$

次にわれわれは，反乱者がすべての労働を収奪に配分し，独裁者が国民の総労働を財生産と天然資源防衛それぞれに配分する均衡について考察する。

（その 2） 反乱者がすべての労働を収奪に配分し，独裁者が国民の総労働を財生産と天然資源防衛それぞれに配分する均衡

反乱者がすべての労働を収奪に配分する均衡とは，(8-6)が成立する場合である。(8-6)を次のように書き換える。

$$A^R(L^R)^2 + 2A^R\theta L^D L^R + A^R(\theta L^D)^2 - D\theta L^D < 0 \qquad (8\text{-}31)$$

これが成立する条件を，独裁者の側から考えてみよう。(8-31)を，防衛労働 L^D に関する二次方程式とみなす。反乱者が，すべての労働を収奪に配分している場合を想定する。

$$H(L^D) = A^R\theta^2(L^D)^2 + (2A^R l - D)\theta L^D + A^R(l)^2 \qquad (8\text{-}32)$$

$H(L^D) = 0$ とする防衛労働は次になる。

$$L^D_{H=0} = \frac{D - 2A^R l \pm \sqrt{D(D - 4A^R l)}}{2A^R\theta} \qquad (8\text{-}33)$$

(8-33)より，$D > 4A^R l$ なら，二つの解は正になっていることがわかる。このとき $H(L^D)$ は図8-2のようになる。$D = 4A^R l$ なら，二次方程式は重解をもつ。解は $\frac{l}{\theta}$ である。$D < 4A^R l$ なら，二次方程式 $H(L^D)$ は二つの虚数

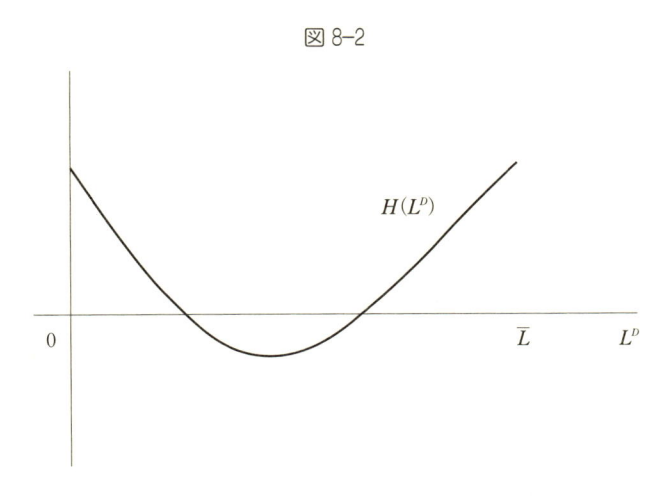

図8-2

根をもつ。虚数根のときには，可能なすべての防衛労働の範囲で $H(L^D) > 0$ になっている。この場合には，反乱者が選択する収奪労働の水準は，独裁者が選択しうるすべての防衛労働の水準で，総労働 l にはなりえない。

独裁者が自らの効用を最大にするように選択する防衛労働 L^{D*} が，$H(L^D)$ をゼロとする二つの防衛労働の間に存在すれば，$H(L^D)$ が負になるから，反乱者はすべての労働を収奪に配分することになる。これは次のようになる。

$$\frac{D-2A^R l-\sqrt{D(D-4A^R l)}}{2A^R \theta} < L^{D*} < \frac{D-2A^R l+\sqrt{D(D-4A^R l)}}{2A^R \theta} \qquad (8\text{--}34)$$

これまでの分析により，われわれは補助命題 8-5 を得る。

補助命題 8-5

反乱者がすべての労働を収奪に配分するのは，補助命題 8-4 で示されている二つの不等式に加えて，次が成立している場合である。独裁者が選択する防衛労働を L^{D*} とする。

$$D > 4A^R l$$

$$\frac{D-2A^R l-\sqrt{D(D-4A^R l)}}{2A^R \theta} < L^{D*} < \frac{D-2A^R l+\sqrt{D(D-4A^R l)}}{2A^R \theta}$$

反乱者がすべての労働を収奪に配分するとき，独裁者が選択する防衛労働の水準は，次のように決定される。反乱者の所得は次になる。

$$Y^R = \frac{lD}{l+\theta L^D} \qquad (8\text{--}35)$$

(8-35)を用いると，国民の参加制約条件は次になる。

$$(1-\alpha)A(\overline{L}-L^D)^{\gamma}+wL^D=\frac{lD}{l+\theta L^D} \qquad (8\text{-}36)$$

(8-36)と $p=\dfrac{l}{l+\theta L^D}$ を(8-17)に代入すると，次を得る。

$$C=A(\overline{L}-L^D)^{\gamma}+\frac{\theta L^D-l}{l+\theta L^D}D \qquad (8\text{-}37)$$

(8-37)を独裁者の効用関数に代入する。効用最大化のためには次が成立していなければならない。

$$-\gamma A(\overline{L}-L^D)^{\gamma-1}+\frac{2\theta lD}{(l+\theta L^D)^2}<0, \ L^D=0 \qquad (8\text{-}38)$$

$$-\gamma A(\overline{L}-L^D)^{\gamma-1}+\frac{2\theta lD}{(l+\theta L^D)^2}=0 \qquad (8\text{-}39)$$

$$-\gamma A(\overline{L}-L^D)^{\gamma-1}+\frac{2\theta lD}{(l+\theta L^D)^2}>0, \ L^D=\overline{L} \qquad (8\text{-}40)$$

(8-38)が可能なすべての防衛労働で成立している場合には，独裁者は防衛労働をゼロにする。(8-38)に $L^D=0$ を代入すると次を得る。

$$\gamma A(\overline{L})^{\gamma-1}>\frac{2\theta}{l}D \qquad (8\text{-}41)$$

(8-41)が成立している場合には，独裁者は天然資源使用料を完全に放棄し，労働をすべて財の生産に配分する。われわれは補助命題8-6を得る。

=== 補助命題 8-6 ===
反乱者がすべての労働を収奪に配分しているとき，次が成立していれば，独裁者は国民の総労働を財の生産に配分し，天然資源使用料を完全に放

棄する．

$$\gamma A(\overline{L})^{\gamma-1} > \frac{2\theta}{l}D$$

次に，反乱者がすべての労働を収奪に配分し，独裁者がすべての労働を財生産に配分して天然資源使用料を放棄する均衡について考察しよう．

(その3) 反乱者がすべての労働を収奪に配分し，独裁者がすべての労働を財生産に配分する均衡

これは，先の補助命題8-6が成立している場合である．このとき反乱者の所得は天然資源使用料からなるから，Dである．国民の留保所得はDである．国民への分配率は次になる．

$$\alpha = \frac{A(\overline{L})^{\gamma} - D}{A(\overline{L})^{\gamma}} \tag{8-42}$$

独裁者の消費は次になる．

$$C = A(\overline{L})^{\gamma} - D \tag{8-43}$$

この均衡では，国民による防衛労働はゼロだから，闘争強度はlである．社会的厚生W^2は次になる．

$$W^2 = A(\overline{L})^{\gamma} + D \tag{8-44}$$

われわれは表8-3を得る．

表 8-3

	A	$\bar{L}$	D
W^2	+	+	+

表 8-3 より,われわれは命題 8-3 を得る.

命題 8-3

反乱者がすべての労働を収奪に配分し,独裁者が天然資源使用料を放棄して国民の総労働をすべて財生産に配分している均衡を考える.このとき社会的厚生は,公式部門の財の生産性と労働総量および天然資源使用料の増加関数である.

(8-40)は,独裁者がすべての国民の労働を防衛労働に配分する均衡を意味しているが,$L^D = \bar{L}$ のとき,(8-40)の第一項は負の無限大になるから,(8-40)が成立せず,独裁者がすべての労働を防衛労働に配分することはない.

(8-39)は,反乱者がすべての労働を収奪に配分しているとき,独裁者が労働の一部を財の生産に配分し,残りを防衛に配分する場合である.解の存在条件を調べるために,(8-39)を次のようにおく.

$$f(L^D) = -\gamma A(\bar{L} - L^D)^{\gamma - 1} + \frac{2\theta lD}{(l + \theta L^D)^2} \tag{8-45}$$

$$\frac{\partial f}{\partial L^D} = \gamma(\gamma - 1)A(\bar{L} - L^D)^{\gamma - 2} - \frac{4(\theta)^2 lD}{(l + \theta L^D)^3} < 0 \tag{8-46}$$

$$f(0) = -\gamma A(\bar{L})^{\gamma - 1} + \frac{2\theta D}{l} \tag{8-47}$$

$$f(\bar{L}) = -\infty \tag{8-48}$$

図 8-3

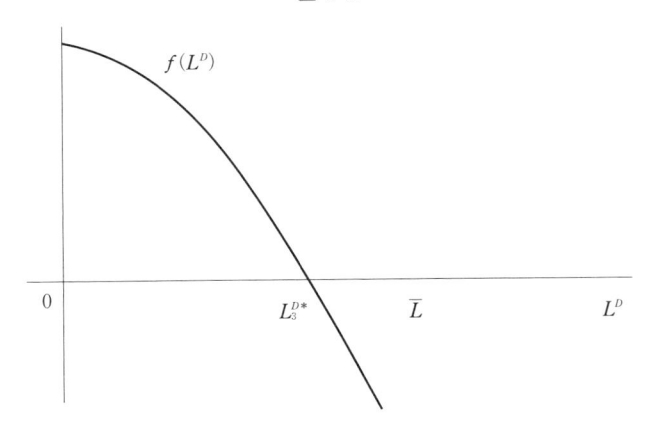

(8-46)(8-47)(8-48) より，われわれは $f(L^D)$ のグラフを概ね図 8-3 のように描くことができる。$f(0)>0$ と仮定する。

$f(0) = -\gamma A(\overline{L})^{\gamma-1} + \dfrac{2\theta D}{l} > 0$ ならば，図 8-3 のように，(8-39) を成立させる防衛労働 L_3^{D*} が存在する。またこのとき，L_3^{D*} は前述の補助命題 8-5 で示される範囲になければならない。計算するとこれは次になる。

$$-\gamma A\left\{\overline{L} - \dfrac{D - 2A^R l - \sqrt{D(D-4A^R l)}}{2A^R \theta}\right\}^{\gamma-1} + \dfrac{2\theta l D}{\left\{l + \dfrac{D - 2A^R l - \sqrt{D(D-4A^R l)}}{2A^R}\right\}^2} > 0$$

(8-49)

$$-\gamma A\left\{\overline{L} - \dfrac{D - 2A^R l + \sqrt{D(D-4A^R l)}}{2A^R \theta}\right\}^{\gamma-1} + \dfrac{2\theta l D}{\left\{l + \dfrac{D - 2A^R l + \sqrt{D(D-4A^R l)}}{2A^R}\right\}^2} < 0$$

(8-50)

われわれは補助命題 8-7 を得る。

> **補助命題 8－7**
>
> 反乱者がすべての労働を収奪に配分しているとき，次が成立していれば，独裁者が国民の総労働を財の生産と防衛それぞれに配分する均衡になる．
>
> $$-\gamma A(\overline{L})^{\gamma-1} + \frac{2\theta D}{l} > 0$$
>
> $$-\gamma A \left\{ \overline{L} - \frac{D - 2A^R l - \sqrt{D(D-4A^R l)}}{2A^R \theta} \right\}^{\gamma-1}$$
> $$+ \frac{2\theta l D}{\left\{ l + \frac{D - 2A^R l - \sqrt{D(D-4A^R l)}}{2A^R} \right\}^2} > 0$$
>
> $$-\gamma A \left\{ \overline{L} - \frac{D - 2A^R l + \sqrt{D(D-4A^R l)}}{2A^R \theta} \right\}^{\gamma-1}$$
> $$+ \frac{2\theta l D}{\left\{ l + \frac{D - 2A^R l + \sqrt{D(D-4A^R l)}}{2A^R} \right\}^2} < 0$$
>
> パラメーターについてこれらの条件が満たされていなければ，独裁者は反乱者がすべての労働を収奪に配分する均衡を誘導することはしない．

(8-39)で防衛労働が決定される場合における，主な外生変数による比較静学の結果は表8－4になる．

表8-4

	D	$\overline{L}$	A	l	θ
L_3^{D*}	+	+	−	±	±

表8－4より，われわれは命題8－4を得る．

=== 命題 8-4 ===
反乱者がすべての労働を収奪に配分し,独裁者が国民の総労働を財の生産と防衛労働それぞれに配分する均衡を考える。このとき防衛労働は,天然資源の使用料と国民の総労働量の増加関数,公式部門の生産性の減少関数である。

反乱者がすべての労働を収奪に配分する均衡では,闘争強度は $l+L_3^{D*}$ になっている。われわれは命題 8-5 を得る。

=== 命題 8-5 ===
反乱者がすべての労働を収奪に配分し,独裁者が国民の総労働を財の生産と防衛労働それぞれに配分する均衡を考える。このとき闘争強度は,天然資源の使用料と国民の総労働量の増加関数,公式部門の生産性の減少関数である。

反乱者がすべての労働を収奪に配分する均衡では,社会的厚生 W^3 は次のようになる。

$$W^3 = A(\overline{L} - L^{D*})^\gamma + D \tag{8-51}$$

(8-51)と表 8-4 より,社会的厚生と外生変数の関係については,表 8-5 のようになる。

表 8-5

	D	$\overline{L}$	A	l	θ
W^3	±	±	+	±	±

表 8-5 より，われわれは命題 8-6 を得る。

命題 8-6

反乱者がすべての労働を収奪に配分し，独裁者が国民の総労働を財の生産と防衛労働それぞれに配分する均衡を考える。このとき社会的厚生は，公式部門の生産性の増加関数である。

次に，反乱者がすべての労働を財生産に配分する均衡について検討しよう。

（その4） 反乱者がすべての労働を財生産に配分し，独裁者が国民の労働を財の生産と天然資源防衛それぞれに配分する均衡

反乱者がすべての労働を財生産に配分する均衡は，(8-4)が成立している場合である。反乱者がすべての労働を財生産に配分するときの，独裁者の効用最大化行動は次のようになる。反乱者の所得は次である。

$$Y^R = A^R l \tag{8-52}$$

国民の参加制約条件は次になる。

$$(1-\alpha)A(\overline{L}-L^D)^\gamma + wL^D = A^R l \tag{8-53}$$

反乱者による収奪がないから，独裁者は天然資源使用料をすべて得ることができる。国民の参加制約条件を独裁者の予算制約式に代入すると，次を得る。

$$C = A(\overline{L}-L^D)^\gamma + D - A^R l \tag{8-54}$$

これを独裁者の効用関数に代入し，効用最大化のための一階条件を整理す

ると次を得る。

$$-\frac{\gamma A(\overline{L}-L^D)^{\gamma-1}}{C}<0 \tag{8-55}$$

したがって独裁者は，防衛労働を最低の水準，すなわち $L^{D*}=\dfrac{D}{\theta A^R}$ にする。この水準にすれば，反乱者はすべての労働を財生産に配分することになる。財生産における分配率と防衛労働に対する実質賃金は次になる。

$$\alpha = 1 - \frac{A^R l}{A\left(\overline{L}-\dfrac{D}{\theta A^R}\right)^{\gamma-1}\left\{\overline{L}-(1-\gamma)\dfrac{D}{\theta A^R}\right\}} \tag{8-56}$$

$$w = \frac{\gamma A^R l}{\overline{L}-(1-\gamma)\dfrac{D}{\theta A^R}} \tag{8-57}$$

反乱者がすべての労働を財生産に配分する均衡では，闘争強度は国民による防衛労働のみになる。

$$L_4^{D*}=\frac{D}{\theta A^R} \tag{8-58}$$

反乱者がすべての労働を財生産に配分する均衡で，社会的厚生 W^4 は次になる。

$$W^4 = A\left(\overline{L}-\frac{D}{\theta A^R}\right)^{\gamma}+A^R l+D \tag{8-59}$$

(8-59)より，われわれは表8-6を得る。

表 8-6

	A	$\bar{L}$	l	θ	A^R	D
W^4	+	+	+	−	±	±

表 8-6 より，われわれは命題 8-7 を得る。

命題 8-7

反乱者がすべての労働を財生産に配分する均衡において，社会的厚生は公式部門の生産性，公式部門および非公式部門の労働総量の増加関数であり，防衛労働の効率性の減少関数である。

2　本章のまとめ

われわれが導いた均衡は次の四つである。

(その1)　反乱者が労働を収奪と財生産に配分し，独裁者が国民の総労働を財生産と天然資源防衛それぞれに配分する均衡

(その2)　反乱者がすべての労働を収奪に配分し，独裁者が国民の総労働を財生産と天然資源防衛それぞれに配分する均衡

(その3)　反乱者がすべての労働を収奪に配分し，独裁者がすべての労働を財生産に配分する均衡

(その4)　反乱者がすべての労働を財生産に配分し，独裁者が国民の労働を財生産と天然資源防衛それぞれに配分する均衡

これらのうちで，独裁者は自分にとってもっとも効用水準が高い均衡が導かれるように，実質賃金と分配率を選択し，防衛労働を誘導し，反乱者に労

働配分を決定させる。

　反乱者がすべての労働を収奪に配分し，独裁者が国民の総労働を財生産と天然資源防衛それぞれに配分する均衡は，旧コンゴ民主共和国など，内戦に苦しんできた地域の模型化としては適切なものであろう。われわれの模型では，反乱者の生産技術が低く，天然資源使用料が十分に高いような場合，そして独裁者に反撃する力がある場合にこの均衡が生じる。このとき，新しい天然資源の発見などにより天然資源使用料が上昇すると，われわれの模型によれば闘争強度が上昇してしまう。

　このような場合，諸外国が内戦の終結を望むのであれば，われわれの模型によれば財の生産性を高めるような援助をすることが望ましいということになる。公式部門における財の生産性が高まれば，独裁者が誘導する防衛のための労働が減少し，闘争強度が低下する。また非公式部門における財の生産性を高めることができれば，反乱者がすべての労働を天然資源収奪に配分する均衡ではない均衡が実現するかもしれない。われわれの模型は，闘争により国民と反乱者が傷つき，労働総量が減ることを考慮していない。これを考慮したとき，独裁者にとって反乱者による天然資源収奪を根絶すべく，反乱者をすべてなくしてしまうことが最適であるという解が導かれうるかもしれない。この点については，別の機会に検討したい。

数　学　注

(1)　独裁者が天然資源使用料を放棄し，反乱者がすべての天然資源使用料を得る場合，反乱者の所得は次になる。

$$Y^R = A^R l + D$$

　国民の所得はこの場合，$(1-\alpha)A(\overline{L})^\gamma$ である。国民の参加制約は次になる。

$$(1-\alpha)A(\overline{L})^{\gamma} = A^R l + D$$

独裁者の消費は $\alpha A(\overline{L})^{\gamma}$ であるが，国民の参加制約を考慮すると次になる。

$$C = A(\overline{L})^{\gamma} - A^R l - D$$

この独裁者消費は，(8-43)で示されている，反乱者がすべての労働を収奪に配分し，独裁者がすべての労働を財生産に配分する均衡の独裁者消費より小さい。したがって独裁者はこの均衡を選択することはない。

(2) 独裁者は効用を最大にするように実質賃金を決めるので，一階条件は次になる。

$$\frac{\partial U}{\partial w} = \frac{1}{C}\left\{-\gamma A(\overline{L}-L^D)^{\gamma-1} - A^R\theta + \frac{3}{2}(A^R\theta D)^{\frac{1}{2}}(L^D)^{\frac{-1}{2}}\right\}\left(\frac{\partial L}{\partial w}\right) = 0$$

$\dfrac{\partial L}{\partial w}$ で両辺を割ると，(8-21)を得る。均衡において，独裁者消費を正としている。

第9章

独裁体制と資本蓄積

　この章では，農業部門と工業部門を想定し，独裁者が工業部門での資本蓄積を志向している独裁体制を想定する。農業部門では独裁者と国民が生産物を分け合っているが，工業部門は国有企業なので独裁者により資本ストックが所有されており，国民は独裁者から賃金を受け取って工業部門の生産のための労働を提供する。独裁者は財の消費と，工業部門における次期の資本ストック存在量から効用を得るとしよう。独裁体制の歴史を考えると，独裁者が急速な工業化，資本蓄積を実行してきた例は少なくない。次期の資本ストック存在量から効用を得るという発想は，この史実に依拠している。独裁者としては，急速な工業化を実現することが，自らの権威を高めることにもなる。

　ゲームの順序はこれまでと基本的に同じである。はじめに独裁者が国民に農業部門における財生産の分配率と工業部門での労働に対する実質賃金を提示する。独裁者は効用を最大にする投資量を決定する。国民はこれらを見て所得を最大にするように労働配分を決定する。このゲームを後ろ向きに解くことにより，部分ゲーム完全均衡を導く。この章では独裁体制における顕著な史実のうち，主に⑤を反映する模型が提示される。

1 模　　型

農業部門の基本的な想定は基本模型と同じとする。農業部門の生産関数を次のようにコブ・ダグラス型とする。

$$X = A(L)^{\gamma}, \ 0 < \gamma < 1, \ A > 0 \tag{9-1}$$

独裁者は，国民により生産された農産物のうち，α だけを自分のものとし，残りの $1-\alpha$ を国民のものとする（$0 \leq \alpha \leq 1$）。国民の労働保有量を $\overline{L}$ とする。国民は，農産物生産のための労働と，工業生産のための労働 $\overline{L}-L$ を行う。独裁者は国民が行う工業生産のための労働に対し，実質賃金 w を支払う。国民の所得 Y は次のようになる。

$$Y = (1-\alpha)A(L)^{\gamma} + w(\overline{L} - L) \tag{9-2}$$

国民は所得を最大にするように労働配分を決定する。所得最大化のための一階条件より，次を得る。

$$L = \left\{ \frac{\gamma A(1-\alpha)}{w} \right\}^{\frac{1}{1-\gamma}} \tag{9-3}$$

国民は，独裁者の下で働かない場合には，外部で ω だけの所得を得ることができるとしよう。独裁者は国民に対し，ω 以上の所得を保証せねばならない。

$$(1-\alpha)A(L)^{\gamma} + w(\overline{L} - L) \geq \omega \tag{9-4}$$

独裁者には，ω より高い所得を国民に与える誘因はないので，(9-4)は等号になる。

$$(1-\alpha)A(L)^{\gamma}+w(\bar{L}-L)=\omega \qquad (9\text{-}5)$$

工業部門は国有企業なので，独裁者が資本ストック K を保有している。工業部門の財生産のためには，労働と資本ストックが必要である。生産関数を次のようなコブ・ダグラス型とする。工業部門の生産量を X^m とする。

$$X^m=a(\bar{L}-L)^{\mu}K^{1-\mu},\ a>0,\ 0<\mu<1 \qquad (9\text{-}6)$$

独裁者は次期に工業部門でより大きな生産量を得るために，投資 I を行う。農業部門の財価格ではかった工業部門の価格を p とする。簡単化のため，資本減耗をなしとする。独裁者は，農業部門の生産量の分け前と工業部門の生産量から，国民への賃金支払いと投資費用を差し引いた残りを財消費に回す。独裁者の予算制約式は次になる。

$$C=\alpha A(L)^{\gamma}+pa(\bar{L}-L)^{\mu}K^{1-\mu}-w(\bar{L}-L)-pI \qquad (9\text{-}7)$$

(9-7)に国民の参加制約(9-5)を代入すると，次を得る。

$$C=A(L)^{\gamma}+pa(\bar{L}-L)^{\mu}K^{1-\mu}-\omega-pI \qquad (9\text{-}8)$$

独裁者は，財消費と次期の資本ストック存在量 $K+I$ から効用を得る。独裁者の効用関数を次のような対数型とする。

$$U=\eta_c\ln\{A(L)^{\gamma}+pa(\bar{L}-L)^{\mu}K^{1-\mu}-\omega-pI\}+\eta\ln(K+I) \qquad (9\text{-}9)$$

独裁者は効用を最大にするように，農業部門の分配率と工業部門での労働に対する実質賃金，投資量を決める。効用最大化のための一階条件は，整理すると次になる[1]。

---

1) 投資量がゼロとなる均衡は，たとえば投資の価格 p や独裁者の財消費に対する選好 η_c が非常に高ければ存在しうるが，ここでは投資が正の場合について検討する。

$$\frac{\partial U}{\partial L}\left(\frac{\partial L}{\partial w}\right) = \eta_c \frac{\gamma A(L)^{\gamma-1} - pa\mu(\overline{L}-L)^{\mu-1}K^{1-\mu}}{A(L)^{\gamma} + pa(\overline{L}-L)^{\mu}K^{1-\mu} - \omega - pI}\left(\frac{\partial L}{\partial w}\right) = 0 \quad (9\text{-}10)$$

$$\frac{\partial U}{\partial I} = -\frac{\eta_c p}{A(L)^{\gamma} + pa(\overline{L}-L)^{\mu}K^{1-\mu} - \omega - PI} + \frac{\eta}{K+I} = 0 \quad (9\text{-}11)$$

(9-10)により,均衡における農業部門での財生産のための労働量 L^*,すなわち労働配分が決定される。(9-10)式の意味は,次のように解釈できる。独裁者は,財消費から得られる効用を最大にするように実質賃金を決めて国民の労働配分を誘導する。財の消費は農業部門の生産量と工業部門の生産量から国民への賃金支払いと工業部門における投資を差し引いた残りである。財消費を最大にするためには,農業部門における労働の限界生産物と,工業部門における労働の限界生産物が等しくなっていなければならない。(9-10)における解の存在について検討するために,(9-10)の分子をそれぞれ次のように定義する。

$$f(L) = \gamma A(L)^{\gamma-1} \quad (9\text{-}12)$$
$$g(L) = pa\mu(\overline{L}-L)^{\mu-1}K^{1-\mu} \quad (9\text{-}13)$$

(9-12)(9-13)はそれぞれ次の性質をもつ。

$$\frac{\partial f}{\partial L} = \gamma(\gamma-1)A(L)^{\gamma-2} < 0 \quad (9\text{-}14)$$

$$f(0) = \infty, \ f(\overline{L}) = \gamma A(\overline{L})^{\gamma-1} > 0 \quad (9\text{-}15)$$

$$\frac{\partial g}{\partial L} = (1-\mu)pa\mu(\overline{L}-L)^{\mu-2}K^{1-\mu} > 0 \quad (9\text{-}16)$$

$$g(0) = pa\mu(\overline{L})^{\mu-1}K^{1-\mu} > 0, \ g(\overline{L}) = \infty \quad (9\text{-}17)$$

これらよりわれわれは,図9-1を得る。$0 < L < \overline{L}$ で $f(L)$ と $g(L)$ に交点

図 9-1

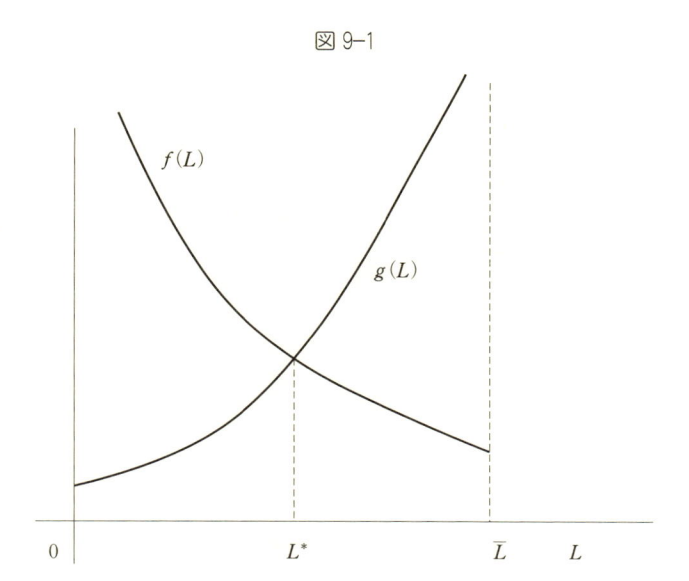

が存在することは明らかである。

　財生産における分配率と工業部門における実質賃金は，(9-3)(9-5)より次のように決定される。

$$w^* = \frac{\gamma \omega}{L^* + \gamma(\bar{L} - L^*)} \tag{9-18}$$

$$\alpha^* = 1 - \frac{\omega (L^*)^{1-\gamma}}{A\{L^* + \gamma(\bar{L} - L^*)\}} \tag{9-19}$$

　(9-10)で農業部門における均衡の財生産労働 L^* が決定される。(9-10)で主な変数により比較静学をすると，われわれは表9-1を得る。

表 9-1

	A	a	$\bar{L}$	K	p
L^*	+	−	+	−	−

第9章　独裁体制と資本蓄積　133

比較静学の結果より、われわれは命題9-1を得る。

命題9-1

農業部門と工業部門を想定し、独裁者が工業部門での資本蓄積を志向している独裁体制を想定する。このとき農業部門における財生産のための労働は、農業部門の財生産性と労働総量の増加関数であり、工業部門の生産性、工業部門における資本ストック、工業部門の相対価格の減少関数である。

次に、投資量の決定について考えよう。投資量は(9-10)(9-11)により決定される。(9-10)により、農業部門における財生産労働は農業部門の生産性、工業部門の生産性、資本ストック、労働総量、相対価格の関数になる。この関係を(9-11)に代入し、投資量が決定される。(9-11)は次のように解釈できる。投資を行うとそれだけ費用がかかるから、独裁者は財の消費を減らさねばならず、独裁者の効用を減らすが、次期の資本ストックの増加となって結実するので、その分は効用の増加となる。効用を最大化するためには、投資による財消費の減少から生じる効用の限界的な減少分と資本ストックの増加による効用の増加分が、絶対値において等しくなっていなければならない。

比較静学を行うと、均衡の投資と主な外生変数の関係は、表9-2のようになる。

表9-2

	η_c	η	A	a	$\bar{L}$	K	p	ω
I^*	−	+	+	+	+	±	±	−

比較静学の結果より、われわれは命題9-21を得る。

命題 9-2

農業部門と工業部門を想定し、独裁者が工業部門での資本蓄積を志向している独裁体制を想定する。このとき投資は、独裁者の次期の資本ストックに対する選好と農業部門、工業部門の財生産性、労働総量の増加関数である。また投資は、独裁者の消費に対する選好と国民の留保所得の減少関数である。

---

2 本章のまとめ

　この章では、農業部門と工業部門が存在し、独裁者が工業部門での資本蓄積を志向している独裁体制を想定し、独裁者が誘導する労働配分と投資の決定要因を分析した。われわれが得た主な結論は次のように要約できる。

　農業部門における財生産のための労働は、農業部門の財生産性と労働総量の増加関数であり、工業部門の生産性、工業部門における資本ストック、工業部門の相対価格の減少関数である。投資は、独裁者の次期の資本ストックに対する選好と農業部門、工業部門の財生産性、労働総量の増加関数である。また投資は、独裁者の消費に対する選好と国民の留保所得の減少関数である。

　独裁者にとって、国民に保障せねばならない所得すなわち留保所得は、この章の模型では労働配分の決定要因にはならないが、投資の決定要因にはなっている。国民の留保所得が増加すると、独裁者が行う投資は減少してしまい、独裁者の権威を誇示することができにくくなる。独裁体制においては、国民の留保所得を低く抑え込むことが重要であることが、この章の模型でも示されている。

第10章
独裁体制と資本財輸入

　この章では，独裁者が資本財を輸入する場合における，独裁者と国民の間の資源配分上の利害関係を考察する。独裁者は自らの効用を最大にするような資本財輸入量（投資），財生産における分配率と実質賃金を国民に提示する。国民はこれを見て，所得を最大にするように労働配分を決定する。われわれはこのゲームを後ろ向きに解くことにより，部分ゲーム完全均衡を導く。生産関数や独裁者と国民がおかれている状況，記号の意味はそれぞれ第2章と同じとする。第2章との主な違いは，独裁者が資本財を外国から輸入することである。また第9章との違いは，独裁者が個人崇拝から効用を得ることである。独裁体制において，独裁者が外国から資本財を購入して自国の富強化を図ってきた史実は何度も観察されるが，本章はその史実を経済主体の利害関係という視座から解釈する手がかりを与えようとするものである。この章では，独裁体制における顕著な史実のうち，主に⑤を反映する模型が提示される。

1　模　型

　独裁者と国民から成る経済を想定する。国民は n 人いるが，等質的なので1人と扱うことができる。財生産には労働 L と資本 K が必要で，当初の

資本ストック量 K を所与とする。独裁者が資本財 I を外国から購入し，それは取り付け費用 H を支払うことによりすぐに生産に貢献すると仮定する。したがって資本ストックの総量は $K+I$ である。生産関数を次のように，規模に関して収穫逓減のコブ・ダグラス型とする。

$$X = A(L)^{\gamma}(K+I)^{\beta}, \ A > 0$$
$$0 < \gamma < 1, \ 0 < \beta < 1, \ \gamma + \beta < 1 \qquad (10\text{--}1)$$

資本財の購入と取り付けのためには，費用が次のようにかかるとしよう。

$$H = hI^{\varepsilon}, \ \varepsilon > 1, \ h > 0 \qquad (10\text{--}2)$$

独裁者は，国民により生産された財のうち，α だけを自分のものとし，残りの $1-\alpha$ を国民のものとする $(0 \leq \alpha \leq 1)$。国民の労働総量を $\overline{L}$ とする。国民は，財生産のための労働と，独裁者への個人崇拝のための労働 $\overline{L} - L$ を行う。独裁者は国民が行う個人崇拝のための労働に対し，実質賃金 w を支払う。0期と1期における国民の所得 Y は次のようになる。

$$Y = (1-\alpha)A(L)^{\gamma}(K+I)^{\beta} + w(\overline{L} - L) \qquad (10\text{--}3)$$

国民は所得を最大にするように，それぞれの期において労働を配分する。以下は国民の誘因制約である。

$$L = \{(1-\alpha)\gamma A\}^{\frac{1}{1-\gamma}}(K+I)^{\frac{\beta}{1-\gamma}}(w)^{\frac{1}{\gamma-1}} \qquad (10\text{--}4)$$

国民の留保所得を ω とする。独裁者が国民を自分の支配下におくためには，国民に留保所得以上の所得を保障せねばならない。

$$(1-\alpha)A(L)^{\gamma}(K+I)^{\beta} + w(\overline{L} - L) \geq \omega \qquad (10\text{--}5)$$

独裁者には，留保所得を上回る所得を国民に与える誘因はないので，(10-5)は等号で成立する。

$$(1-\alpha)A(L)^\gamma(K+I)^\beta + w(\overline{L}-L) = \omega \qquad (10\text{--}6)$$

独裁者は財生産の取り分から，個人崇拝のための賃金支払いと自分の消費，資本財輸入とその取り付け費用支払いを行う。

$$\alpha A(L)^\gamma(K+I)^\beta - w(\overline{L}-L) - C - hI^\varepsilon = 0 \qquad (10\text{--}7)$$

(10-7)に，国民の参加制約(10-6)を代入すると次を得る。

$$A(L)^\gamma(K+I)^\beta - \omega - C - hI^\varepsilon = 0 \qquad (10\text{--}8)$$

独裁者は，消費と個人崇拝により効用を得る。独裁者の効用関数を基本模型と同様に対数型とする。独裁者の予算制約式を効用関数に代入すると次を得る。

$$U = \eta_c \ln\{A(L)^\gamma(K+I)^\beta - \omega - hI^\varepsilon\} + \eta \ln(\overline{L}-L) \qquad (10\text{--}9)$$

独裁者は効用を最大にするように，実質賃金と分配率，資本財輸入量を決定する。効用最大化のための一階条件は，整理すると次のようになる[1]。

$$\frac{\partial U}{\partial L} = \frac{\eta_c \gamma A(L)^{\gamma-1}(K+I)^\beta}{A(L)^\gamma(K+I)^\beta - \omega - hI^\varepsilon} - \frac{\eta}{\overline{L}-L} = 0 \qquad (10\text{--}10)$$

$$\frac{\partial U}{\partial I} = \left\{\frac{\eta_c \gamma A(L)^{\gamma-1}(K+I)^\beta}{A(L)^\gamma(K+I)^\beta - \omega - hI^\varepsilon} - \frac{\eta}{\overline{L}-L}\right\}\left(\frac{\partial L}{\partial I}\right)$$
$$+ \frac{\eta_c\{\beta A(L)^\gamma(K+I)^{\beta-1} - \varepsilon hI^{\varepsilon-1}\}}{A(L)^\gamma(K+I)^\beta - \omega - hI^\varepsilon} = 0 \qquad (10\text{--}11)$$

(10-10)を使うと，(10-11)は次になる。

---

1) 数学注(1)参照。資本財の取り付け費用が十分に高ければ資本財輸入量がゼロになる均衡も存在しうるが，その場合には第2章の基本模型と同様になるので，ここでは資本財輸入量が正となる均衡について分析している。

$$\frac{\partial U}{\partial I} = \frac{\eta_C \{\beta A(L)^\gamma (K+I)^{\beta-1} - \varepsilon h I^{\varepsilon-1}\}}{A(L)^\gamma (K+I)^\beta - \omega - h I^\varepsilon} = 0 \qquad (10\text{-}12)$$

(10-12)より，資本財輸入量と主な外生変数の関係は次のようになる[2]。

$$I = I(L, A, h, K)$$

$$\frac{\partial I}{\partial L} > 0, \ \frac{\partial I}{\partial A} > 0, \ \frac{\partial I}{\partial h} < 0, \ \frac{\partial I}{\partial K} < 0 \qquad (10\text{-}13)$$

(10-12)より，財生産労働 L がゼロのとき，資本財輸入量もゼロになる。効用最大化のための一階条件(10-12)に(10-13)を代入すると，次を得る。

$$\eta_C \gamma A \frac{(L)^{\gamma-1}\{K+I(L,A,h,K)\}^\beta}{A(L)^\gamma \{K+I(L,A,h,K)\}^\beta - \omega - h\{I(L,A,h,K)\}^\varepsilon} = \frac{\eta}{\overline{L}-L}$$
$$(10\text{-}14)$$

(10-14)を成立させる財生産労働 L^* が $0 < L^* < \overline{L}$ の範囲で存在せねばならない。このための条件を検討するために，左辺と右辺をそれぞれ次のようにおく。

$$f(L) = \eta_C \gamma A \frac{(L)^{\gamma-1}\{K+I(L,A,h,K)\}^\beta}{A(L)^\gamma \{K+I(L,A,h,K)\}^\beta - \omega - h\{I(L,A,h,K)\}^\varepsilon} \qquad (10\text{-}15)$$

$$g(L) = \frac{\eta}{\overline{L}-L} \qquad (10\text{-}16)$$

$$f(0) = -\infty \qquad (10\text{-}17)$$

(10-16)は，財生産労働に関して増加関数である。$g(0) = \frac{\eta}{\overline{L}} > 0$，$g(\overline{L}) = \infty$ である。$f(L)$ と $g(L)$ の交点については，次のことがいえる。

---

2) 数学注(2)参照。

図 10-1

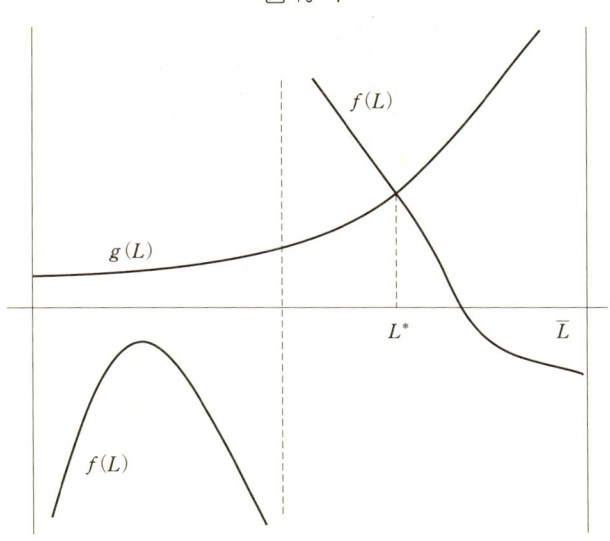

　$f(L)$ の分母は独裁者消費であるが,これをゼロとする財生産労働が $0 < L < \overline{L}$ の範囲に存在し,$f(\overline{L}) < \infty$ となっていれば,図 10-1 のようになりうる。これは漸近線が $0 < L < \overline{L}$ の範囲で存在する場合である。独裁者の消費をゼロとする財生産労働が $0 < L < \overline{L}$ の範囲にない場合には,$\overline{L}$ までの範囲で独裁者消費が負ということである。これは財生産性が非常に低く,国民の留保所得が非常に大きいか,あるいは資本財の取り付け費用が非常に高い場合にそうなる。

　$f(L)$ は,漸近線より大きい財生産労働で極値をもっているかもしれないが,$f(\overline{L}) < \infty$ が成立していれば,漸近線より大きく,労働総量より小さい財生産労働で $g(L)$ との交点が存在しうる。その交点の近傍では,$\frac{\partial f}{\partial L} < 0$ になっているから,効用関数を財生産労働で二階偏微分した $\frac{\partial^2 U}{\partial L^2} = \frac{\partial f}{\partial L} - \frac{\partial g}{\partial L} < 0$ が成立している。

　均衡の近傍で,主な外生変数により比較静学を行うと,結果は表 10-1 の

ようになる[3]。

表 10-1

	η_c	η	A	$\bar{L}$	ω	K	h
L^*	+	−	±	+	+	−	−

資本財輸入量 I^* は，このように決まった財生産労働を(10-12)に代入して決まる。主な外生変数の変化による資本財輸入量の変化については，表10-2のようになる。

表 10-2

	η_c	η	A	$\bar{L}$	ω	K	h
I^*	+	−	±	+	+	−	−

比較静学の結果より，われわれは命題10-1，10-2を得る。

命題 10-1

独裁者が資本財を購入する場合，財生産のための労働は，独裁者の消費に対する選好，労働総量，国民の留保所得の増加関数である。また財生産のための労働は，独裁者の個人崇拝に対する選好，当初の資本ストック存在量，投資の取り付け費用の減少関数である。

命題 10-2

独裁者が資本財を購入する場合，資本財の購入量は，独裁者の消費に対する選好，労働総量，国民の留保所得の増加関数である。また資本財輸入量は，独裁者の個人崇拝に対する選好，当初の資本ストック存在量，投資の取り付け費用の減少関数である。

---

3) 比較静学の計算手法については数学注(3)参照。

財生産労働と資本財輸入量がこのように決定されると，財生産における分配率と個人崇拝に対する実質賃金は次のように決まる。

$$\alpha^* = 1 - \frac{\omega (L^*)^{1-\gamma}}{A(K+I^*)^\beta \{L^* + \gamma(\overline{L}-L^*)\}} \quad (10\text{--}18)$$

$$w^* = \frac{\gamma\omega}{L^* + \gamma(\overline{L}-L^*)} \quad (10\text{--}19)$$

2　本章のまとめ

　この章では，独裁者が資本財を外国から購入する場合における，独裁者と国民の間の資源配分上の利害関係を考察した。効用最大化のための一階条件の式を，想定している財生産労働の範囲全体でグラフ化することはできていないが，現実的に想定しうるゆるい仮定の下で，均衡が存在しうることがわかった。

　分析の結果，財生産のための労働は，独裁者の消費に対する選好，労働総量，国民の留保所得の増加関数であり，独裁者の個人崇拝に対する選好，当初の資本ストック存在量，投資の取り付け費用の減少関数であることがわかった。

　また，資本財の購入量は，独裁者の消費に対する選好，労働総量，国民の留保所得の増加関数であり，独裁者の個人崇拝に対する選好，当初の資本ストック存在量および投資の取り付け費用の減少関数であることがわかった。

　独裁体制においても，国民の留保所得が何らかの要因で高くなれば，財の生産を増やすために財生産労働や資本財購入量を増やさざるをえない。その分，独裁者への個人崇拝は弱くならざるをえないことが，本章の分析により明らかになった。

数 学 注

(1) 独裁者は，効用を最大にするように個人崇拝に対する実質賃金を決定する。

$$\frac{\partial U}{\partial w} = \frac{\partial U}{\partial L}\left(\frac{\partial L}{\partial w}\right) = \left\{\frac{\eta_c \gamma A(L)^{\gamma-1}(K+I)^{\beta}}{A(L)^{\gamma}(K+I)^{\beta} - \omega - hI^{\varepsilon}} - \frac{\eta}{\overline{L}-L}\right\}\left(\frac{\partial L}{\partial w}\right) = 0$$

両辺から $\frac{\partial L}{\partial w}$ をとって，(10-11)を得る。

(2) 資本財輸入量と主な外生変数の関係については，次のように計算している。資本財輸入量は(10-12)により決まる。(10-12)より，次を得る。

$$\varepsilon h I^{\varepsilon-1}(K+I)^{1-\beta} = \beta A(L)^{\gamma}$$

この式より，次を得る。

$$\frac{\partial I}{\partial L} = \frac{\gamma \beta A(L)^{\gamma-1}}{(1-\beta)(K+I)^{-\beta}\varepsilon h(I)^{\varepsilon-1} + \varepsilon(\varepsilon-1)h(I)^{\varepsilon-2}(K+I)^{1-\beta}} > 0$$

$$\frac{\partial I}{\partial A} = \frac{\beta(L)^{\gamma}}{(1-\beta)(K+I)^{-\beta}\varepsilon h(I)^{\varepsilon-1} + \varepsilon(\varepsilon-1)h(I)^{\varepsilon-2}(K+I)^{1-\beta}} > 0$$

$$\frac{\partial I}{\partial h} = \frac{-\varepsilon(I)^{\varepsilon-1}(K+I)^{1-\beta}}{(1-\beta)(K+I)^{-\beta}\varepsilon h(I)^{\varepsilon-1} + \varepsilon(\varepsilon-1)h(I)^{\varepsilon-2}(K+I)^{1-\beta}} < 0$$

$$\frac{\partial I}{\partial K} = \frac{(\beta-1)\varepsilon h(I)^{\varepsilon-1}(K+I)^{-\beta}}{(1-\beta)(K+I)^{-\beta}\varepsilon h(I)^{\varepsilon-1} + \varepsilon(\varepsilon-1)h(I)^{\varepsilon-2}(K+I)^{1-\beta}} < 0$$

(3) 主な外生変数とは，この模型では効用関数のパラメーター η_c, η と財生産性 A，投資の取り付け費用 h，国民の留保所得 ω，労働総量 $\overline{L}$，当初の資本ストック K である。

効用最大化のための一階条件は次である。

$$\frac{\partial U}{\partial L} = \frac{\eta_C \gamma A(L)^{\gamma-1}\{K+I(L,A,h,K)\}^{\beta}}{A(L)^{\gamma}\{K+I(L,A,h,K)\}^{\beta}-\omega-h\{I(L,A,h,K)\}^{\varepsilon}} - \frac{\eta}{\overline{L}-L} = 0$$

この式を用いて，比較静学の計算を次のように行っている。

$$\frac{\partial^2 U}{\partial L \partial h} = U_{Lh}$$

$$= \eta_C \gamma \frac{A(L)^{\gamma-1}\beta(K+I)^{\beta-1}I_h C - A(L)^{\gamma-1}\{K+I(L,A,h,K)\}^{\beta}\{\beta A(L)^{\gamma}M^{\beta-1}-\varepsilon h I^{\varepsilon-1}\}I_h}{[A(L)^{\gamma}\{K+I(L,A,h,K)\}^{\beta}-\omega-h\{I(L,A,h,K)\}^{\varepsilon}]^2}$$

投資量に関する一階条件より，次を得る。

$$\frac{\partial U}{\partial I} = \eta_C \frac{\beta A(L)^{\gamma}(K+I)^{\beta-1}-\varepsilon h(I)^{\varepsilon-1}}{A(L)^{\gamma}(K+I)^{\beta}-\omega-pI-h(I)^{\varepsilon}} = 0$$

これを用いると，上の式の分子第二項はなくなる。

$$\frac{\partial^2 U}{\partial L \partial h} = U_{Lh} = \eta_C \gamma \frac{A(L)^{\gamma-1}\beta(K+I)^{\beta-1}I^h}{A(L)^{\gamma}\{K+I(L,A,h,K)\}^{\beta}-\omega-h\{I(L,A,h,K)\}^{\varepsilon}} < 0$$

$$\frac{\partial L^*}{\partial h} = -\frac{U_{Lh}}{U_{LL}} < 0$$

$$\frac{\partial^2 U}{\partial L \partial \omega} = U_{L\omega} = \eta_C \gamma \frac{A(L)^{\gamma-1}\{K+I(L,A,h)\}^{\beta}}{[A(L)^{\gamma}\{K+I(L,A,h,K)\}^{\beta}-\omega-h\{I(L,A,h,K)\}^{\varepsilon}]^2} > 0$$

$$\frac{\partial L^*}{\partial \omega} = -\frac{U_{L\omega}}{U_{LL}} > 0$$

$$\frac{\partial^2 U}{\partial L \partial L} = U_{LL} = \frac{\eta}{(\overline{L}-L)^2} > 0$$

$$\frac{\partial L}{\partial \overline{L}} = -\frac{U_{L\overline{L}}}{U_{LL}} > 0$$

$$\frac{\partial^2 U}{\partial L \partial K} = U_{LK}$$

$$= \gamma \eta_c A(L)^{\gamma-1} \beta (K+I)^{\beta-1} \frac{\beta I_K C - (\omega + hl^\epsilon)}{[A(L)^\gamma \{K+I(L,A,h,K)\}^\beta - \omega - h\{I(L,A,h,K)\}^\epsilon]^2}$$

$$< 0$$

$$\frac{\partial L^*}{\partial K} = -\frac{U_{LK}}{U_{LL}} < 0$$

参考文献

英 語

Acemoglu, D. K. and J. A. Robinson (2000), "Why did the West Extend the Franchise? Democracy, Inequality, and Growth in Historical Perspective," *Quarterly Journal of Economics*, Vol. 115, No. 4, 1167–1199.

Aoki, M. (2001), *Towards A Comparative Institutional Analysis*, Cambridge, Mass. and London: The MIT Press.

Arendt, H. (1968), *Totalitarianism, Part Three of the Origins of Totalitarianism*, A Harvest Book, San Diego, New York, London: Harcourt, Inc.

Bardhan, P. and C. Udry (1999), *Development Microeconomics*, Chapter 9, The Rural Land Market, Oxford: Oxford University Press.

Bates, H. R. (1987), *Essays on the Political Economy of Rural Africa*, Berkeley and Los Angeles: University of California.

Conquest, R. (1986), *The Harvest of Sorrow*, New York: Oxford University Press.

Courtois, S., … (et al.) (1999), *The Black Book of Communism: Crimes, Terror, Repression*, Cambridge, Mass. and London: Harvard University Press.

Davies, R. W. (1998), *Soviet Economic Development from Lenin to Khrushchev*, Cambridge: Cambridge University Press.

Davies, S. (1998), "The Leader Cult: Propaganda and its Reception in Stalin's Russia," in Channon, J.(ed.), *Politics, Society and Stalinism in the USSR*, University of London, Macmillan Press LTD and ST. Martin's Press.

Devereux, S. (2000), "Famine in the Twentieth Century," *IDS Working Paper*, 105, Brighton: Institute of Development Studies.

Fitzpatrick, S. (1999), *Everyday Stalinism Ordinary Life in Extraordinary Times: Soviet Russia in the 1930s*, New York: Oxford University Press.

Gill, G. (1998), *Stalinism*, Hampshire: Palgrave Macmillan.

Greif, A. (1994), "Cultural Beliefs and the Organization of Society: A Historical and Theoretical Reflection on Collectivist and Individualist Societies," *Journal of Political Economy*, Vol. 102, 912–950.

Greif, A. (2006), *Institutions and the Path to the Modern Economy: Lessons From Medieval Trade*, Cambridge: Cambridge University Press.

Grossman, H. I. (2002), "Make Us a King: Anarchy, Predation, and the State," *European Journal of Political Economy*, Vol. 18, 31–46.

Haggard, S. and M. Noland (2007), *Famine in North Korea, Markets, Aid, and Reform*, New York: Columbia University Press.

Hirshleifer, J. (1991), "The Paradox of Power," *Economics and Politics*, Vol. 3, 177–200.

Kornai, J. (1979), "Resource-Constrained versus Demand-Constrained Systems," *Econometrica*, Vol. 47, No. 4, 801–819.

Leslie, W. J. (1993), *Zaire: Continuity and Political Change in an Oppressive State*, Boulder: Westview Press.

Lin, Y. J. (1990), "Collectivization and China's Agricultural Crisis in 1959–1961," *Journal of Political Economy*, Vol. 98, No. 6, 1228–1252.

Litvin, A. and J. Keep (2005), *Stalinism, Russian and Western Views at the Turn of the Millennium*, London: Routledge.

Malia, M. (1994), *The Soviet Tragedy, A History of Socialism in Russia, 1917–1991*, New York: The Free Press.

Matthews, M. (1986), *Poverty in the Soviet Union, The Life-styles of the Underprivileged in Recent Years*, Cambridge: Cambridge University Press.

Olson, M. (1993), "Dictatorship, Democracy, and Development," *American Political Science Review*, Vol. 87, No. 3, 567–576.

Olsson, O. and H. Congdon Fors, (2004), "Congo: the Prize of Predation," *Journal of Peace Research*, Vol. 41, No. 3, 321–336.

Olsson, O. (2007), "Conflict diamonds," *Journal of Development Economics*, Vol. 82, 267–286.

Rees, E. A. (2004), "Leader Cults: Varieties, Preconditions and Functions," in Apor, B. ⋯ (et al.), *The Leader Cult in Communist Dictatorships*, New York: Palgrave Macmillan.

Rigby, T. H. (ed.) (1968), *The Stalin Dictatorship: Khrushchev's "Secret Speech" and Other Documents*, Sydney University Press.

Stigler, G. J. and G. S. Becker (1977), "De Gustibus Non Est Disputandum,"

American Economic Review, Vol. 67, No. 2, 76-90.
Wintrobe, R. (1998), *The Political Economy of Dictatorship*, Cambridge : Cambridge University Press.

韓国語
양문수 (2001) "북한경제의 구조 경제개발과 침체의 메커니즘" 서울대학교출판부 (梁文秀『北韓経済の構造 経済開発と停滞のメカニズム』)
통일연구원 (2006) "북한인권백서 2006" (統一研究院『北韓人権白書 2006 年版』)
한국국방부 (2000) "국방백서 2000" (韓国国防部『国防白書 2000』)

日本語
青木昌彦・奥野正寛 (1996)『経済システムの比較制度分析』東京大学出版会
加藤寛 (1968)『計画経済の成長方式』ダイヤモンド社
黒崎卓 (2001)『開発のミクロ経済学 理論と応用』岩波書店
小島麗逸 (1997)『現代中国の経済』岩波新書
コルナイ・ヤーノシュ (1984)『「不足」の政治経済学』盛田常夫編訳, 岩波現代選書
佐藤勝巳 (1983)「資料『党の唯一思想体系確立の十大原則』の特徴と背景」(「朝鮮研究」232, pp.10-24) 日本朝鮮研究所
塩川伸明 (1993)『終焉の中のソ連史』朝日新聞社
ダーレンドルフ, R. (1973)『ホモ・ソシオロジクス 役割と自由』橋本和幸訳, ミネルヴァ書房
中兼和津次 (1992)『中国経済論 農工関係の政治経済学』東京大学出版会
丹羽春喜 (1966)『ソ連計画経済の研究』東洋経済新報社
原洋之介 (1999)『エリア・エコノミックス アジア経済のトポロジー』NTT出版
村上泰亮 (1994)『反古典の政治経済学要綱 来世紀のための覚書』中央公論社
毛里和子 (1998)『周縁からの中国 民族問題と国家』東京大学出版会
森岡真史 (2005)「レーニンと『収奪者の収奪』」(上島武・村岡到編『レーニン 革命ロシアの光と影』第二章所収) 社会評論社
李佑泓 (1989)『どん底の共和国』亜紀書房

李佑泓（1990）『暗愚の共和国』亜紀書房
渡辺利夫（1996）『開発経済学　経済学と現代アジア』日本評論社

初 出 論 文

　本書の執筆にあたり，著者の既発表論文を利用したが，それぞれ大幅に加筆修正している。

第1章と第2章
「独裁体制の経済理論序説」（大阪経大論集第58巻第1号，179-197，2007年7月）
「金父子崇拝強化のミクロ的基礎」（比較経済体制学会年報第42巻第1号，35-40，2005年1月）

第3章
「北朝鮮への援助を考える」（大阪経大論集第55巻第2号，109-128，2004年7月）
"Dictatorship, Famine and Weather Fluctuations"（*Osaka Keidai Ronshu*, Vol. 58, No. 3, 27-35, September 2007）

第4章
「独裁体制，独裁者の視野と崇拝労働」（大阪経大論集第57巻第2号，43-58，2006年7月）

第5章
「独裁体制，個人崇拝と中毒症」（経済政策ジャーナル第4巻第2号，3-6，2007年6月）

第6章
「独裁体制における経済停滞と労働配分，個人崇拝」（大阪経大論集第58巻第2号，177-188，2007年7月）

　第7章以降は，学会報告などを基礎にして書き下ろした。

索　引

ア　行

青木昌彦	8
悪天候	33, 42
アセモグル（Acemoglu, D. K.）	11
アレント（Arendt, H.）	4
李佑泓	6
意味論	v
ウイントローブ（Wintrobe, R.）	10
ウドリー（Udry, C.）	11
奥野正寛	8
オルソン（Olson, M.）	7
オルッソン（Olsson, O.）	3, 11, 13, 15-6, 113

カ　行

加藤寛	1
韓国国防部	7
キープ（Keep, J.）	5
グライフ（Greif, A.）	8, 10
クルトワ（Courtois, S.）	2
黒崎卓	11
グロスマン（Grossman, H. I.）	10
抗争成功関数	12
小島麗逸	7
コルナイ（Kornai, J.）	6
コンクエスト（Conquest, R.）	2
コングドンフォーズ（Congdon Fors, H.）	3, 11, 13, 15-6, 113
conflict intensity	113

サ　行

佐藤勝己	4
塩川伸明	2
社会的厚生	113-4, 118, 122, 124
修正主義	5

消費資本	57
情報の非対称性	v
ジル（Gill, G.）	5
崇拝資本	57, 64
スティグラー（Stigler, G. J.）	11
世界イメージ	v
全体主義	5
ソフトな予算制約	6

タ　行

中毒症	57, 63-4
デイヴィス（Davies, R. W.）	7
デイヴィス（Davies, S.）	4
デヴリュー（Devereux, S.）	3
統一研究院	4
闘争強度	122, 124, 126

ナ　行

中兼和津次	3, 7
ナッシュ均衡	iv, 9
丹羽春喜	1
ノーランド（Noland, M.）	3

ハ　行

ハーシュライファー（Hirshleifer, J.）	12
バーダン（Bardhan, P.）	11
ハッガード（Haggard, S.）	3
原洋之介	10
フィッツパトリック（Fitzpatrick, S.）	3
部分ゲーム完全均衡	9, 13, 19, 35, 60, 69, 89, 96, 109, 129, 137
ベイツ（Bates, H. R.）	11
ベッカー（Becker, G. S.）	11

マ　行

マットーズ（Matthews, M.）	2

村上泰亮	v
メイリア（Malia, M.）	5
毛里和子	3
森岡真史	2

ヤ 行

梁文秀	5
唯一思想体系確立の十大原則	vii, 4

ラ 行

リーズ（Rees, E. A.）	4
リグビー（Rigby, T. H.）	3
リトヴィン（Litvin, A.）	5
リン（Lin, Y. J.）	2
レスリー（Leslie, W. J.）	3
労働の無限供給	29
ロビンソン（Robinson, J. A.）	11

ワ 行

渡辺利夫	3

著者紹介

黒坂　真（くろさか・まこと）

昭和36年　神奈川県に生まれる。
昭和60年　早稲田大学政治経済学部経済学科卒業
平成5年3月　神戸大学大学院経済学研究科博士課程単位取得退学
平成5年4月　大阪経済大学経済学部専任講師
現在は大阪経済大学経済学部教授。

主論文
「独裁体制，個人崇拝と中毒症」（経済政策ジャーナル第4巻第2号，2007年）
「独裁体制の経済理論序説」（大阪経大論集第58巻第1号，2007年）

大阪経済大学研究叢書第58冊
独裁体制の経済理論

2008年3月10日第1版1刷発行

著　者——黒坂　真
発行者——大野俊郎
印刷所——神谷印刷㈱
製本所——美行製本
発行所——八千代出版株式会社
　〒101-0061　東京都千代田区三崎町2-2-13
　TEL　03-3262-0420
　FAX　03-3237-0723
　振替　00190-4-168060

＊定価はカバーに表示してあります。
＊落丁・乱丁本はお取り替えいたします。

ISBN 978-4-8429-1440-4　　Ⓒ 2008 Printed in Japan